CHAMPION-VARIA
Collection dirigée par Jean Bessière
40

LECTURES DE ROBERT CHALLE

Dans la même collection:

(Suite en fin de volume)

LECTURES DE ROBERT CHALLE

Actes du colloque de la Sorbonne
(26-27 juin 1996)

Etudes réunies
par Jacques Cormier

PARIS
HONORÉ CHAMPION ÉDITEUR
7, QUAI MALAQUAIS (VIᵉ)
1999

Diffusion hors France: Editions Slatkine, Genève

Ouvrage publié avec le concours
de la Société des Amis de Robert Challe

T

1002321310

AVANT-PROPOS

Plusieurs colloques organisés à Chartres, à Montpellier, à Creteil, avaient déjà réuni des érudits et des universitaires passionnés par l'œuvre de Robert Challe, dont l'importance maintenant reconnue correspond à merveille à cette période que l'essai de Paul Hazard, *La Crise de la conscience européenne*, a permis d'identifier comme une époque décisive dans la formation des idées du siècle des lumières. L'inscription des *Illustres Françaises* au programme des agrégations de lettres françaises en 1992-93 révéla au grand public l'œuvre[1] d'un écrivain magistral inconnu de lui. L'organisation en Sorbonne en juin 1996 d'un colloque consacré à Robert Challe constitue une étape déterminante dans la diffusion de son œuvre. Depuis des années, Frédéric Deloffre avait entretenu ses étudiants de ce grand écrivain méconnu; le nombre des initiés s'était accru, il était donc normal que les murs de Paris IV résonnent à nouveau au nom de Challe, et que l'université qui a vu grandir sa réputation lui rende hommage.

---

[1]   Dans ce recueil, les œuvres de Challe seront désignées par les abréviations suivantes: *I. F., Les Illustres Françaises,* éd. par F. Deloffre et J. Cormier, Genève, Droz, 1991; *Mémoires* ou *Mém., Mémoires, Correspondance complète, Rapports sur l'Acadie et autres pièces,* éd. par F. Deloffre et J. Popin, Genève, Droz, 1996; *J. V., Journal d'un voyage fait aux Indes orientales (1690-1691) par Robert Challe, écrivain du Roi,* imprimé en 1721, éd. par F. Deloffre et M. Menemencioglu, 1ère éd., Paris, Mercure de France, 1979, 1 vol.; *JV21, Journal d'un voyage fait aux Indes orientales (1690-1691) par Robert Challe,* imprimé en 1721, éd. par F. Deloffre et M. Menemencioglu, 2e éd., Paris, Mercure de France, Le Temps retrouvé, 1983, 2 vol.; *JPR, Journal de voyage à Pierre Raymond,* éd. par J. Popin et F. Deloffre (avec référence aux folios du manuscrit, reportés dans l'édition parue chez Droz en juin 1998); *Continuation, Continuation de l'histoire de l'admirable Don Quichotte de la Manche,* éd. par J. Cormier et M. Weil, Genève, Droz, 1994; *Difficultés, Difficultés sur la religion proposées au P. Malebranche*; le sigle M renvoie à l'éd. par F. Deloffre et M. Menemencioglu (Oxford, Voltaire Foundation, 1983), le sigle B aux pages du manuscrit de Munich qui seront reportées dans l'édition en préparation, par F. Deloffre et F. Moureau (Genève, Droz, 1999).

Les sessions de ce colloque consacré aux influences que Challe a subies et à celles qu'il a exercées n'auraient pas été possibles sans l'aide des maîtres de maison qui ont aplani les difficultés matérielles et administratives. Que Monsieur le président Poussou et Messieurs les professeurs Laurent Versini et François Moureau, qui ont soutenu l'organisation de ce colloque trouvent ici l'expression de la gratitude de tous ceux qui travaillent à la récupération de ce pan de la création littéraire de la première génération d'écrivains qu'ait connue le XVIIIᵉ siècle.

La Librairie Droz continue la publication des œuvres complètes de Challe. Le *Journal de voyage adressé à Pierre Raymond*, manuscrit autographe que Jacques Popin a découvert à Munich, est désormais disponible. Les *Difficultés sur la religion*, d'après le manuscrit que François Moureau a identifié, à Munich encore, sont en cours d'édition et devraient être publiées en 1999 et achever ainsi l'édition de l'ensemble des œuvres de Robert Challe. Ces nouveaux volumes ne pourront que renforcer l'intérêt pour cette figure majeure, – quoique trop longtemps négligée –, de la littérature de la fin du règne de Louis XIV.

PRÉSENTATION DU COLLOQUE

Le titre de ce recueil, *Lectures de Robert Challe*, nous est fourni par l'intitulé du colloque qui a réuni plusieurs chercheurs, érudits et universitaires, spécialistes de Challe, dans la salle des Actes de la Sorbonne les 26 et 27 juin 1996.

On ne trouvera pas ici une série d'extraits commentés ou de pages choisies mais bien un ensemble d'essais renvoyant clairement aux deux sens du mot «lectures». Nous n'avons pas cherché «une économie de roman», l'ordre des communications s'est en quelque sorte imposé à nous par la succession chronologique des thèmes abordés.

Au cours de la première session les interventions montrent comment Challe a déchiffré son temps ou lu les œuvres de certains de ses contemporains. Frédéric Deloffre s'attache à démontrer ce que les citations latines, présentes dans toutes les œuvres de Challe, révèlent de ses préoccupations intimes. Jacques Cormier examine l'influence que François de Rosset et ses *Histoires tragiques* ont pu exercer sur la création de son univers romanesque. Françoise Gevrey confronte les œuvres théâtrales et romanesques de Scarron aux textes de Robert Challe pour faire ressortir le rôle exemplaire joué par l'auteur du *Roman comique*. Tout en soulignant l'intérêt ou la répulsion que Challe éprouve pour les images baroques dont la société, et surtout l'Eglise de son temps, fait une intense consommation, Geneviève Artigas-Menant montre de manière saisissante les rapprochements qu'on peut établir entre certaines pages de Challe et les gravures contestataires de Bernard Picart. William Trapnell arbitre la polémique que Challe soutient contre certaines propositions présentes dans l'édition des *Pensées* de Pascal procurées par les éditeurs de Port-Royal. S'attachant à l'examen de certaines scènes communes aux récits de Courtilz de Sandras et aux *Illustres Françaises*, Roger Francillon fait ressortir la maîtrise dramatique et poétique de Challe. Jacques Popin analyse en comparant les deux versions du *Journal de voyage aux Indes occidentales* la façon dont se manifestent les sincé-

rités successives de Challe. Alain Niderst montre que les œuvres de
Challe s'inscrivent dans un milieu où la place des financiers dans la
société est l'enjeu de manœuvres diverses dans lesquelles les ver-
tueuses indignations d'un écrivains ne sont peut être pas aussi spon-
tanées qu'il le paraît.

Au cours de la seconde session, les communications mettent en
évidence l'influence que Challe a exercée sur certains de ses lecteurs.
Merete Grevlund souligne le rôle fondateur qu'a joué le *Journal de
Voyage* de Challe dans l'image que les écrivains du XVIIIᵉ siècle se
sont faite d'eux-mêmes. Laurent Versini observe ce qui, indépendamment des rencontres textuelles, manifeste une communauté de
pensée et de tempérament entre Challe et Diderot. Jacqueline Hellegouarc'h relève plusieurs situations ou expressions qui trahissent
dans les œuvres des romanciers de la fin du siècle, Rétif de la Bretonne, Sébastien Mercier et quelques autres, une fréquentation des
Illustres Françaises. Enfin Marie-Christine Veneau montre comment
l'évocation du décor urbain dans *Les Illustres Françaises* révèle les
pouvoir de suggestion du romancier capable de recréer dans l'esprit
de ses lecteurs un paysage mental qui doit toute sa cohérence au jeu
de la mémoire et de l'illusion.

Cette enquête n'est pas exhaustive; elle ne pouvait pas l'être, et
pour cause. Challe avait lu; il avait beaucoup lu. Les communications
réunies dans ce recueil le prouvent, mais elles ne reflètent pas à elles
seules la totalité de ses lectures. Il avait lu non seulement tous ceux
dont les congressistes ont parlé au cours de ce colloque, Rosset, Scarron, Courtilz de Sandras... mais aussi d'autres grands écrivains qui
n'ont guère été cités au cours de ces sessions: Cervantès, l'Arioste,
Rabelais, Montaigne, Corneille, Racine, Molière; et il les avait lus à
la façon dont on lisait sous l'Ancien Régime. Il s'était approprié le
contenu de leurs œuvres jusqu'à en faire la propre substance de sa
pensée. Son miel, il le faisait du suc de toutes les fleurs qu'il butinait,
comme aurait dit Montaigne.

Challe n'avait pas seulement retenu ceux que la postérité a consa-
crés; il avait également pratiqué Camus, l'évêque de Belley, Sorel,
Furetière, Cyrano de Bergerac, Guy Patin... il avait encore lu Estienne
Pasquier et ses *Recherches de la France*[1], le père Garasse et ses *Re-*

---

[1]   Estienne Pasquier, *Les Recherches de la France augmentées par l'autheur en
cette dernière édition de 10 chapitres entiers*, Paris, Laurent Sonnius, 1611, in 4°,

cherches des recherches[2] qui en réfutant les «erreurs» de son «médisant», «impertinent», «ignorant», «libertin» et «glorieux» adversaire les met en évidence, et quantité d'œuvres que nous reléguons trop facilement dans les marges de la création littéraire, de ces écrivains qui sont restés plus ou moins présents dans la conscience de nos contemporains et dont les noms s'inscrivent à l'occasion dans les commentaires savants des éditeurs actuels[3].

L'examen de ce nouveau champ d'exploration réserve certainement de nombreuses surprises aux chercheurs qui se pencheront ultérieurement sur ces questions.

On a beaucoup lu Challe. Frédéric Deloffre a relevé tout ce que la rédaction du *Paysan parvenu* et de *La Vie de Marianne* devait aux *Illustres Françaises*[4]. Dans des essais ou au cours de colloques précédents, Frédéric Deloffre, Jean Sgard et Franco Piva ont souligné ce que Prévost lui avait emprunté[5]. Rousseau avait certainement lu la *Continuation de l'histoire de l'admirable Don Quichotte*[6], Voltaire disposait dans sa bibliothèque de Ferney d'une édition de cette œuvre et de plusieurs exemplaires du *Militaire philosophe,* tandis que Sade détenait *Les Illustres Françaises* dans sa prison. Ici encore, il serait difficile de soutenir que le sujet soit épuisé.

---

994 p. + table des matières; voir aussi l'édition de 1596 et celle de 1621, identique à celle de 1611.

[2] Garasse (père), *Les Recherches des recherches et autres œuvres de Me Estienne Pasquier pour la défense de nos roys, contre les outrages, calomnies et autres impertinences dudit autheur.* Paris, Sébastien Chappelet, 1622, in 12°, ou 1662, in 8°.

[3] Souvent, dans un cas pareil, une étude de sources permet de faire ressortir la supériorité de Challe dans la formulation.

[4] F. Deloffre, Introduction à *La Vie de Marianne*, Paris, Classiques Garnier, 1963; F. Deloffre, Marivaux, *Théâtre complet*, Paris, Classiques Garnier, (nouvelle éd. 1996).

[5] F. Deloffre, Introduction à *Manon Lescaut,* Paris, Classiques Garnier, 1965, pp. LXXVII, LXXXII-XCIX; Jean Sgard, «Challe et Prévost», dans Weil, Michèle, *Séminaires Robert Challe, Les Illustres Françaises,* Univ. Paul Valéry, Montpellier III, nov. 1995, pp. 119-127; Franco Piva, «I *Mémoires et aventures* di Prevost et le *Illustres Françaises* di Challes. Concordance e influenza», Aevum, L (1976), pp. 436-511.

[6] Ce que prouve matériellement l'emploi du nom Parapharagaramus dans une comédie, *Arlequin amoureux malgré lui,* que Marivaux l'aurait aidé à rédiger; voir *Continuation*, p. 76, n. 162.

Telles quelles, les pages qui suivent constituent un premier bilan qui, par les questions qu'il soulève, devrait stimuler la réflexion et féconder la recherche.

Jacques Cormier

LA CULTURE LATINE DE ROBERT CHALLE

Ce sujet, qui peut paraître simple et d'une ampleur limitée, s'avère à l'expérience très étendu, difficile à épuiser par les nombreux problèmes d'identification qu'il pose. En revanche, il est riche d'enseignements inattendus.

Pour le traiter à fond, il faudrait dresser un index général des citations, références et allusions de Challe, comme André Robinet l'a fait pour Malebranche. Laissant de côté les romans, qui ne fournissent que peu de matière, nous l'avons tenté pour le fonds latin à propos des œuvres suivantes : Correspondance avec le *Journal littéraire, Mémoires* (1716), *Journal de voyage aux Indes* imprimé en 1721, *Journal de voyage à Pierre Raymond,* rédigé en 1690-1691, manuscrit de Munich découvert par Jacques Popin. Les matériaux seront ainsi disponibles en vue d'une comparaison avec ceux que livrera la version définitive des *Difficultés sur la religion*, découverte, elle aussi à Munich, par François Moureau.

I

Bien entendu, Challe sait le latin. Il le sait parce qu'il l'a appris dès l'âge de neuf ans, en sixième, au collège de La Marche. Il le sait parce qu'il a entendu des cours en latin en classe de philosophie ou à l'Ecole de Droit. Il le sait surtout parce qu'il l'a pratiqué jusqu'à la fin de sa vie en lisant dans le texte des œuvres païennes, comme celles d'Ovide, ou chrétiennes, Nouveau Testament, œuvres de saint Augustin et de saint Bernard, *Imitation de Jésus-Christ.*

Il le pratique par goût. S'il tente une paraphrase de vers d'Ovide ou de versets du Livre de Job, c'est parce qu'il admire l'original, qu'il n'espère pas égaler. Ailleurs, il précise qu'il trouve dans l'Ecriture en latin «tout autre chose» que dans le texte français[1]. Il est

---

[1] «Je n'ai jamais été content d'aucune version, j'y vois toujours une différence essentielle avec l'original. J'aime mieux lire l'Evangile en latin qu'en français.

notable que, malgré la qualité des traductions françaises de la Bible à l'époque, il devance l'opinion de divers exégètes modernes qui estiment que seul le latin peut parvenir à rendre la simplicité du texte biblique.

Le latin est aussi pour Challe une langue vivante. Il s'entretient en latin avec un desservant portugais de Saint-Yago; pour ne pas être compris des autres assistants, il parle latin avec son ami le Parisien «vulcanisé» de Pondichéry. Il sait que la connaissance du latin distingue une élite intellectuelle. Sur le navire qui l'emmène aux Indes, il en use consciemment dans une conversation avec les missionnaires et l'aumônier:

> Notre conversation se faisait à table. Bouchetière [le lieutenant] et les autres nous écoutaient et ne comprenaient rien à ce que nous disions par la quantité de latin que nous y lâchions. (*JV21*, t. I., p. 97).

Dans le Journal destiné à son oncle, il use moins fréquemment des citations latines que dans le journal imprimé; à l'exception de quelques brefs aphorismes courants, il prend soin de les traduire sans affectation, à moins qu'il n'en tente la paraphrase. Au contraire, dans la version publiée, il en ajoute. Garantissant l'authenticité du discours de François Martin qu'il rapporte, il assure:

> Je n'y ai rien ajouté de mon invention, si ce n'est le latin que M. Martin n'entend pas. (*JV21*, t. I, p. 97).

L'aveu ne manque pas d'intérêt, mais il est à double face. Car les citations latines, effectivement nombreuses dans cette conversation, présentent une autre particularité: c'est que bon nombre d'entre elles se retrouvent dans les *Mémoires,* composés en 1716 comme on l'a noté. On est donc tenté, malgré le demi-aveu de l'auteur, d'estimer que ces confidences de Martin sont apocryphes, et ont été composées au moment de la mise au point du Journal imprimé, c'est-à-dire apparemment vers 1717-1720. Du reste, comme plusieurs remarques de fond de la «conversation» sont aussi en quelque sorte annoncées par les *Mémoires,* on conclura que tout ce morceau, au moins, a été entiè-

---

J'y trouve tout autre chose» (*Difficultés,* p. 220). Significativement, la fin de ce passage, à partir de «J'aime mieux lire...», a été supprimé dans la version M, seule connue jusqu'ici, parce qu'elle manifestait une forme d'attachement de Challe à un christianisme «primitif».

rement rédigé, peut-être à partir de quelques notes anciennes, à une époque peu éloignée de la publication.

Si Challe est à l'aise en latin, il lui arrive de lâcher un solécisme ou un barbarisme. On lit *religio suaditur* dans les *Mémoires* (p. 38), et la correction *suadetur* apportée au manuscrit ne semble pas de sa main. Ailleurs (*Mém.*, p. 204), il crée un passif *oditur (vivens oditur)*, quoiqu'il donne la même citation d'Horace sous la forme correcte *viventem odimus* dans une lettre apparemment plus soignée aux journalistes de Hollande (*Mém.*, p. 521). Il avoue de bonne grâce son étourderie à ses correspondants (*Mém.*, p. 503), et les prie de corriger sans scrupule son latin comme son français.

Effectivement, la qualité de son latin reste enviable. Du fait que, dans les *Difficultés*, p. 464, il cite inexactement, sous la forme *sacra gens, cui nascuntur in arvis / Numina,* un passage de Juvénal qui apparaît dans le *Journal de voyage aux Indes* sous la forme authentique, *O sanctas gentes, quibus haec nascuntur in hortis / Numina* (*Satires,* 15, 10-11), on a cru pouvoir tirer argument pour dire que le latin de l'auteur de l'ouvrage clandestin était moins sûr que celui de Challe. En fait, c'est Challe lui-même qui, à propos de l'hostie des chrétiens, adapte habilement ce que Juvénal entendait des oignons adorés par les Egyptiens; c'est dans les champs que la *gens* chrétienne récolte le blé, dont la farine fait les hosties; c'est dans les jardins que les *gentes* païennes cultivaient les oignons. On sait du reste quels prolongements Challe peut donner au thème de l'inefficacité de l'objet matériel sur le plan spirituel, et quel rôle emblématique joue dans cette perspective une autre «inscription» d'Ovide, *O nimium faciles qui tristia crimina caedis / Fluminea tolli posse*[2].

Un autre indice de la familiarité de Challe avec le latin est la façon dont, à la suite d'un pari avec le missionnaire Charmot, il compose un «bouquet» pour l'aumônier Querduff. Le texte montre qu'il connaît métrique et prosodie:

> *Virtus Franciscos jam evexit ad aethera quinque,*
> *Progredere, exiguo tempore sextus eris* (*JV21*, t. II, p. 51),

soit, en représentant les brèves par des astérisques et les longues par des tirets, un distique élégiaque:

---

[2]   *JV21*, t. II, p. 91, n. 666; voir par exemple F. Deloffre, «Stylistique et critique d'attribution», *Au bonheur des mots. Mélanges en l'honneur de Gérald Antoine* (Presses Universitaires de Nancy, 1984), p. 509-520.

$$-- / -- / -- / -** / -**/ - *$$
$$- ** / - ** / - // - ** / - ** / *$$

Le latin n'est pas seulement pour Challe matière à exercice linguistique. C'est une culture sous de multiples aspects.

Il y trouve d'abord un vocabulaire dont il use avec prédilection. Ce sont souvent des termes de basoche *(advertatur, factum, flagrante delicto, rapiamus, réméré, de visu, in tenebris...)* ou d'Ecole *(ab incunabulis mundi, ergo, in globo, juxta genus suum)*, ou généraux (le *pater* [ecclésiastique], le *nec plus ultra*). Le latin «bravant l'honnêteté» permet de trouver des dénominations «convenables»: pour désigner les Comoriennes *in puris naturalibus*; les Indiennes *imberbes*; les deux amours, *utraque Venus (JV21,* t. I, p. 246), l'un naturel, *Venus naturalis,* l'autre «contraire», *Venus adversa (Mém.,* p. 364); ou plus spécialement de désigner des réalités scientifiques, comme les spermatozoïdes, *innumerabilia corpuscula tanquam in aqua natantia (JV21,* t. I, p. 119).

Les adages latins, ordinairement anonymes, sont pour la plupart d'origine juridique, comme *possessio valet (JV21,* t. I, p. 95), *de male partitis non gaudet tertius haeres (Mém.,* p. 168). L'Ecole en fournit aussi qui ne sont pas dépourvus d'intérêt. Ainsi, *nemo malus quoad malum,* «personne ne fait le mal pour le mal», qui passe des *Difficultés sur la religion* (p. 414) au *Journal de voyage* de 1721 (t. I, p. 231), exprime le rejet par Challe de la doctrine du péché originel.

On signalera aussi l'usage fait par lui du «latin de cuisine», comme le *bene bene respondere* de Molière *(JV21,* t. I, p. 162), et surtout les citations plaisantes de ce qu'il appelle le «Poème macaronique», en fait le *Dictamen metrificum* de Remi Belleau, qui venait d'être réédité en 1664 dans l'*Ecole de Salerne.* Outre deux emplois de l'expression forger *«duo cornua fronti» (J.V.,* p. 398 et 528; *JV21,* t. II. 123 et 255), Challe fait application de fragments du poème aux matelots:

> j'en dirais volontiers ce que le Poème macaronique dit des reîtres: *nihil illis troppo calidum frigidumve diablis (JV21,* t. II, p. 62);

à La Chassée assoiffé qui lui demande de son vin:

> Ma réponse est tirée du Poème macaronique, *Ite, ite ad Rheni fontes, sitibunda propago, / Ite, nec in nostrum tam dulce recurrite vinum (Ibid.,* t. II, p. 211).

ou encore à la nation anglaise:

> Je ne puis mieux achever leur portrait que par un vers du *Pœ-ma macaroniccum, Stellarum mala rassa virum, bona salsa diabli (Ibid.,* t. II, p. 255)[3].

Après ces préliminaires, venons-en aux deux piliers de la culture latine de Challe, d'une part la littérature classique, d'autre part l'Ecriture et les Pères.

II
La littérature classique

C'est sur ce chapitre qu'on souhaiterait le plus disposer de données précises, de façon à reconstituer la «bibliothèque imaginaire» de Challe. Mais on se heurte, comme on l'a dit, à certaines difficultés inattendues.

Difficultés dans l'attribution des citations. Certes, on dispose à l'heure actuelle d'instruments de travail inimaginables naguère, mais les pièges ne manquent pas.

Ils tiennent parfois à une erreur de l'auteur. Dans le *Journal à Pierre Raymond,* Challe attribue sans hésiter à Virgile un vers dactylique, *Regis ad exemplum totus componitur orbis,* alors qu'il s'agit en fait d'un adage médiéval tiré d'un poème de Claudien[4]. Il lui arrive[5] de nommer «cet endroit de Lucain» le passage *etiamsi illabitur orbis / impavidae ferient ruinae* qui est d'Horace[6]. Ailleurs il remanie si bien à son usage une citation, *Iamque opus exegi, quod nec papae ira, nec ignes, / Nec poterit furtum, nec edax abolere vetustas*[7], qu'on peut songer qu'elle vient d'Horace[8], avant de se rendre compte qu'elle est

[3] Traduction de ce vers dont le texte fait difficulté: «mauvaise rasse d'hommes des étoiles, véritable sauce du diable».
[4] *JPR,* f° 32. Sur l'origine de cet adage, voir Hans Walther, *Lateinische Sprichwörter und Sentenzen des Mittelalters in alphabetischer Ordnung* (Göttingen, 1959, 5 vol.; nouvelle éd., *Ibid.,* 1963 et années suiv., 7 vol. parus), t. IV, p. 155, n° 26481.
[5] *Mémoires,* p. 191.
[6] Sous la forme *si fractus inlabitur orbis / impavidum ferient ruinae* (*Odes,* 3, 3, 7-8).
[7] *Difficultés sur la religion,* M p. 348, B p. 643.
[8] Comme nous l'avions dit par inadvertance dans l'édition de 1983 en citant les *Odes,* 3, 30, 1-7: *Exegi monumentum aere perennius, / Regalique situ pyramidum altius, / Quod non imber edax, non aquilo impotens / Possit diruere aut innume-*

beaucoup plus piquante si on lui assigne sa vraie source, à savoir Ovide[9].

Une autre difficulté réside dans l'interprétation. Supposé qu'on ait identifié telle citation, il reste à savoir s'il s'agit d'un véritable souvenir de lecture, ou de l'usage de quelque cahier de citations comme les élèves étaient encouragés, à juste titre, à en constituer, ou du recours à quelque *dictum* proverbial plus ou moins banal.

Soit cet hexamètre dactylique que nous avions rencontré lors de l'édition du *Journal de voyage* de 1721, et qui figure déjà dans le *Journal à Pierre Raymond* primitif, donc vers l'époque 1690-1691: [10]

> *Nocte pluit tota, redeunt spectacula mane.*

Les concordances de Virgile, Ovide, etc., existant à l'époque ne nous avaient pas permis de l'identifier. Un lecteur du *Journal*, Claude Schopp, nous avait aimablement signalé que le vers était tiré des *Vitae vergilianae,* donc d'un pseudo-Virgile, de Donat. Faut-il en déduire que Challe a lu Donat? La solution apparaît à la lecture de l'ouvrage de Hans Walther relatif aux sentences latines médiévales[11], qui cite ici notamment la *Revue bénédictine,* 48, 34. Le vers en question, qui à l'origine faisait partie d'un éloge d'Auguste dans un remerciement prêté à Virgile *(Nocte pluit tota, redeunt spectacula mane, / Divisum imperium cum Jove Caesar habet),* était devenu l'équivalent de notre «Après la pluie le beau temps», ou de l'anglais «Come rain, come shine».

Il arrive aussi qu'une identification obscure ne débouche pas sur un simple lieu commun, mais ouvre au contraire des perspectives inattendues. L'exemple que nous allons prendre figure encore dans les deux versions du journal. Il s'agit d'un passage où Challe, se référant aux apôtres qui ont laissé subsister des cérémonies juives, remarque:

---

rabilis annorum series et fuga temporum. / Non omnis moriar, multaque pars mei / Vitabit libitinam.

[9]   *Jamque opus exegi, quod nec Iovis ira, nec ignes, / Nec poterit ferrum, nec edax abolere vetustas (Mét.,* XV, 871). On remarquera que Challe a remplacé *ferrum* (le fer) par *furtum* (le vol); il allait écrire dans la Correspondance: «il semble qu'il soit de ma destinée qu'on me vole tous mes manuscrits» *(Mém.,* p. 502).

[10]   Respectivement *JV21,* t. II, p. 282; *JPR,* f° 63v°.

[11]   Voir n. 11.

qui prétendrait défaire tout d'un coup les peuples d'ici de leurs vaines superstitions ne gagnerait rien sur eux: c'est leur génie, ainsi que Plutarque l'a remarqué; *inclinant natura ad superstitionem barbari* [12].

La difficulté consistait à repérer ce passage dans l'œuvre de Plutarque, qui est en grec. Comme on ne dispose pas de dépouillement informatisé de la traduction latine de l'œuvre, publiée en Allemagne en 1572, il fallait rechercher la passage par des moyens empiriques. Or le traité *De superstitione,* auquel on songe immédiatement, ne le comporte pas. Grâce à Jean Laborderie, qui eut l'idée de retraduire le latin en grec, ce qui lui donnait accès à l'analyse informatique, il fut établi que la source du passage est sans aucun doute la *Vie de Sertorius.* On y lit l'anecdote de la biche blanche que Sertorius fait passer auprès de ses troupes pour une déesse qui veut bien l'aider de ses conseils et le protéger. Il en use ainsi *quippe sciebat barbaros ad superstitionem proclives* [13], «parce qu'il savait les barbares enclins à la superstition.»

Mais le problème n'est pas résolu pour autant. D'une part, la citation est approximative; surtout, il était étonnant que Challe eût recouru au latin pour lire Plutarque, alors qu'on disposait à l'époque de la version française très estimée d'Amyot, celle que cite Montaigne et qui fut traduite en anglais en 1579 par lord North, où Shakespeare put la lire.

Sans pouvoir naturellement le prouver, nous pensons que la solution est la suivante. L'histoire fameuse de la biche de Sertorius devait figurer dans quelque espèce de *De viris* à usage des classes, voire fournir le texte de quelque version latine, ce qui explique que le texte cité par Challe soit plus simple et plus «classique» que le latin de la traduction. Mais même si l'hypothèse est exacte, il est intéressant de trouver cette remarque, accompagnée dans le *Journal à Pierre Raymond* d'une citation de Tacite allant dans le même sens [14]. Elle suggère que Challe avait réfléchi depuis longtemps aux thèses de

---

[12]   *JV21,* t. II. 92; *JPR,* f° 112 v°, où on lit *les idolâtres* au lieu de *les peuples d'ici,* et *superstitions* au lieu de *vaines superstitions.*

[13]   *Vie de Sertorius,* 11, 6.

[14]   Un peu avant le passage cité, f° 112, Challe a écrit à propos des catholiques bengalais: «ils sont fort dévots mais adonnés à la superstition; on n'en fera jamais de bons catholiques si ce que dit Corneille Tacite [*Histoires,* V, 13, 1] est vrai, *Gens superstitioni obnoxia, religionibus adversa.* Qu'une nation attachée à la superstition est contraire à toute religion».

Plutarque sur la superstition, que ce dernier déclare «plus éloignée de la religion que l'athéisme»[15].

Pour en venir aux résultats de l'enquête, on citera donc quelques chiffres, même si, pour les raisons qu'on a dites, la plupart d'entre eux restent approximatifs. Pour les ouvrages dépouillés, à savoir les deux *Voyages,* les *Mémoires* et la *Correspondance,* le nombre de citations identifiées est de quatre-vingt-dix-sept. Sur ce nombre, une trentaine regroupe des auteurs cités trois fois ou moins de trois fois, tels que Cicéron, César, Tacite, Sénèque, ou Lucrèce. Cinq sont cités au moins quatre fois, soit Juvénal (4), Lucain (6), Horace (7), Virgile (12), Ovide (36).

La supériorité écrasante d'Ovide est confirmée par toutes les autres observations. Ainsi, elle se marque dès la première œuvre de Challe dont nous disposions, le *Journal de voyage* destiné à Pierre Raymond, tenu au jour le jour en 1690-1691. Sur sept véritables citations d'auteurs classiques, toutes, à part un vers de l'*Énéide,* sont empruntées à Ovide, à savoir trois des *Fastes* et trois des *Tristes*[16]. Challe lui-même proclame à plusieurs reprises sa prédilection pour «son Ovide»[17], «son cher Ovide»[18], qu'il sait «presque par cœur»[19]. Tandis que les citations d'Horace et même de Virgile sont presque toutes «classiques»[20] et semblent sortir de l'exercice scolaire de la récitation, celles d'Ovide sont beaucoup plus personnelles. Elles sont tirées de toute l'œuvre du poète[21]. Ovide est enfin le seul auteur an-

---

[15] Il existe des indices montrant que les idées de Plutarque n'était pas ignorées. Diverses éditions anciennes, et la traduction d'Amyot elle-même, accompagnent le petit traité de la superstition de mises en garde sur son caractère dangereux.

[16] Voir l'Index des Citations et vers latins dans cet ouvrage, éd. J. Popin et F. Deloffre, (Droz, 1998, p. 469-470).

[17] *JV21,* t. I, p. 58, t. I, p. 218, t. II, p. 10.

[18] *JV21,* t. II, p. 67.

[19] *JV21,* t. II, p. 183.

[20] Ainsi pour Virgile, *Buc.,* I. 6, *nobis haec otia fecit* (*JV21,* t. I, p. 269); *Buc.,* II. 65, *trahit sua quemque voluptas* (*Mémoires,* p. 495); *En.,* I. 137-138, *Maturate fugam, regi quoque haec dicite vestro / Non illi imperium pelagi* (*Mémoires,* p. 281); *En.,* II. 3, *Infandum regina [scriptua] jubes renovare dolorem* (*JV21,* t. II, p. 251); *En.,* II. 354, *Una salus victis, nullam sperare salutem* (*JV21,* t. II, p. 209); *En.,* III. 57, *Quid non mortalia pectora cogit / Auri sacra fames* (*JV21,* t. II, p. 39); *En.,* VI. 130, *quos ardens evexit ad aethera virtus* (*JPR,* f° 77; *JV21,* t. II, p. 23); *Géorg.,* III. 244, *In furias ignesque ruunt, / Amor omnibus idem* (*JV21,* t. II, p. 255).

[21] Des *Amours* (4), des *Fastes* (10), des *Héroïdes* (2), des *Métamorphoses* (3), des *Pontiques* (2), des *Remèdes d'Amour* (1), des *Tristes* (12).

cien qu'il paraphrase, et cela dès l'époque du voyage aux Indes[22]. Vingt-cinq ans plus tard, comme il a des droits d'auteur à percevoir à La Haye pour les *Illustres Françaises,* les ouvrages qu'il demande en échange à son libraire, outre «l'Imitation de M. Corneille en vers», sont les œuvres d'Ovide, mais il ne veut «ni les Métamorphoses, ni de arte amandi, ni de remedio amoris *(sic)*», qu'il a manifestement déjà. Il les réclame «sans commentaires, mais d'une belle impression»[23], preuve qu'il ne le lit pas seulement dans le texte, mais avec aisance.

Autre point à noter. Chez Ovide Challe ne trouve pas seulement des endroits «tout bouffons»[24], mais des réflexions «toutes belles et toutes consolantes»[25], qui lui donnent matière à des réflexions religieuses ou morales. L'occasion s'en présente dès le début du voyage aux Indes. Accusé injustement auprès de Céberet, il se souvient «d'un passage des *Fastes* d'Ovide, livre IV»[26]:

Conscia mens recti, famae mendacia ridet
Sed nos ad vitium credula turba sumus.

Sur quoi il les adapte dans un septain[27], et commente: «Si le premier vers me consolait, le second me faisait appréhender». Le Journal à Pierre Raymond ne va pas plus loin, mais celui de 1721, peut-être sur la base du Journal que Challe tenait à son usage personnel, modifie la formule d'introduction et poursuit:

Je tombai sur l'aventure de Claudia Quinta au IIIe des Fastes. C'est certainement un parfait miracle. Ovide dit: *certificata loquor*[28]. Si cela est, les miracles ne sont pas les preuves les plus fortes de la véritable religion, puisque pour sauver la simple

---

[22]   *JPR,* f° 4.
[23]   Lettre du 30 avril 1714, *Mémoires,* p. 497.
[24]   *JV21,* t. II, p. 67, à propos du sacrifice d'un âne à Silène.
[25]   *JPR,* f° 4; *J.V.,* p. 75, *JV21,* t. I. 75.
[26]   *Fastes,* IV. 326.
[27]   «Quand on a bonne conscience,/ On se rit de la médisance,/ On en méprise le venin;/ Mais malheureusement c'est le destin du monde,/ De jamais n'examiner rien,/ Et sur quelque bon droit qu'un innocent se fonde,/ Quand il est accusé, on n'en croit point de bien» (*JPR,* f° 4-4v°).
[28]   En fait, *Mira, sed et scaena testificata loquor.* Au t. II, p. 26, de *JV21,* Challe cite plus exactement: *Testificata loquor.*

réputation d'une païenne, Dieu en permit un, à mon sens, plus grand que celui qui sauva la vie de Suzanne»[29].

Ainsi, ce sont les preuves de la religion chrétienne qui se trouvent mises en question à partir d'une réflexion sur les croyances de l'Antiquité; A sa façon, Challe prolonge l'*Histoire des oracles*. On se souviendra que la démarche est analogue dans les *Difficultés sur la religion*, où, rappelant ses premières études classiques, il remarque:

> Je fis après cela [la colère que lui inspirait dans son enfance les «maltôtes» pontificales] réflexion sur toutes ces cérémonies en si grand nombre, et telles que je les reconnaissais chez les Grecs et les Romains païens, dans mes livres de classe; j'ai vu depuis le reste chez les idolâtres indiens et américains, j'y ai trouvé les moines, les chapelets, les reliques (*Difficultés*, p. 47).

En ce qui concerne l'Ecriture et le latin chrétien, le bilan est moins fructueux mais, comparé par exemple à ce qu'on trouverait chez un Marivaux ou un Prévost, il est loin d'être négatif. Commençons par quelques chiffres, en laissant encore toujours de côté le cas des *Difficultés,* qui est très particulier, et qui devrait en quelque sorte constituer la cible d'une étude comparative.

L'Ancien Testament est représenté par une vingtaine de citations. Cinq d'entre elles viennent des *Psaumes* de David, le «prophète royal»; rien d'étonnant, ces psaumes, chantés à l'office, étaient très populaires.

Vient ensuite le *Livre de Job,* dont l'importance pour Challe est beaucoup plus grande que ne le laisserait croire le nombre de citations, quatre seulement pour les ouvrages considérés ici, le double pour l'ensemble de son œuvre. Il représente en effet pour lui le «malheur d'être né». Dans le *Journal de voyage aux Indes,* après avoir évoqué la mort d'un gabier tombé à la mer pendant une manœuvre, et qui, dans son désespoir, a peut-être maudit son destin, il poursuit:

> Cela m'inspire une idée de la vie qui va jusqu'au mépris, et me force de dire comme Job: *Quare me de vulva eduxisti, qui utinam consumptus essem, translatus ex utero ad tumulum?*[30]

---

[29]   *JV21*, t. I, p. 75. L'histoire de Suzanne, qui n'est d'ailleurs pas celle d'un miracle, est racontée dans *Daniel*, 13.

[30]   *Job*, X. 29.

Qu'un homme fasse sur lui-même une sérieuse réflexion, qu'il se demande ce qu'il est venu faire au monde? Je parle de tous les hommes, sans en excepter un seul, de telle qualité qu'il soit». (t. I, p. 145).

Là ne se limite pas l'influence du Livre de Job sur Challe; ainsi, il le cite à un autre propos dans le *Journal de Voyage*[31]. Quoiqu'il le déclare «impertinent» dans les *Difficultés sur la religion*[32], il s'y réfère implicitement ailleurs dans le même ouvrage: «Quel est le plaisir de la vie, même pour les plus heureux, etc.»[33]. On sait d'autre part que le même Livre de Job est utilisé dans la *Continuation* du *Don Quichotte*[34], Challe en a même fait une paraphrase en vers dont d'Allainval nous a conservé un fragment[35]. Du reste, il ne peut être question de traiter ici en détail de l'utilisation que Challe fait du premier des livres poétiques et sapientiaux: elle mériterait à elle seule un article où la biographie aurait sa place à côté des problèmes religieux.

Les références au Nouveau Testament citées en latin sont à peu près aussi nombreuses que celles à l'Ancien, soit environ vingt-cinq. Comme dans le cas des souvenirs de l'Ancien Testament, les citations les plus intéressantes sont celles qui correspondent à une thèse dont le latin fournit en quelque sorte la formule exemplaire. Relevons ainsi *quod intrat in corpus non coinquinat animam* (d'après Mathieu, XV, 11), qui sert à Challe à justifier son refus du jeûne, l'une des prescriptions de la religion les plus onéreuses à ses yeux, surtout «à la mer»[36].

A l'Ecriture, il faut ajouter les références aux pères de l'Église. Elles sont surtout, fréquentes, précises et étendues au début du voyage des Indes. Il semble que Challe ait emporté avec lui un petit volume in-16 contenant un florilège de textes de saint Augustin, saint Bernard, etc. En tête vient saint Augustin, dont Challe discute soigneusement les thèses sur la grâce et la prédestination (8 citations), suivi de saint Bernard (7), dont il apprécie les réflexions sur la nature

---

[31] Pour représenter la fabrication de la complexe «machine» humaine, il cite *Manus tuae me plasmaverunt totum in circuitu* (*Job*, 10, 8; *Psaumes*, 118, 73)
[32] M, p. 146; B, p. 203.
[33] M, p. 318; B, p. 355.
[34] *Continuation*, p. 286-287.
[35] On en trouve le texte dans les *Mémoires*, p. 647-648.
[36] «Jeûner à la mer et dans la chaleur, c'est se tuer» (*JPR*, p. 67). Voir la Correspondance (*Mémoires*, p. 494), et cf. *Difficultés*, M, p. 209; B, p. 321.

humaine et la tolérance[37]. On les retrouvera cités en bonne place, et dans le même ordre, dans les *Difficultés sur la religion.*

D'autres saints, pères ou docteurs de l'Église sont mentionnés à l'occasion, sans insistance particulière. En revanche l'*Imitation de Jésus-Christ* est alléguée quatre fois dans le *Journal de voyage,* toujours de manière favorable, dont deux fois à l'occasion d'un problème cher à l'auteur, celui de la justice. Si Challe soutient que la justice humaine est du même ordre que la justice divine, il admet que la seconde est plus éclairée: *Homo considerat actus, Deus vero pensat intentiones*[38]. Il est peut-être significatif que l'*Imitation* ne soit jamais citée dans les *Difficultés* sur la religion: sans doute Challe n'a-t-il rien à y redire. On est en revanche surpris de le voir demander à son libraire hollandais de lui envoyer l'ouvrage en échange de quelques droits d'auteur[39]. Il s'agit, il est vrai, de la version française, en vers, de «Monsieur Corneille».

Comment apprécier, provisoirement au moins, les réactions de Robert Challe à l'égard de cette culture qui n'est homogène, et encore! que par la langue? Si l'on en juge par l'ouvrage le plus riche en enseignement, à savoir le *Journal de voyage aux Indes* imprimé en 1721, on a l'impression que, sans rejeter totalement un christianisme placé sous le seul patronage du «Christ, et icelui crucifié», Challe semble avoir été tenté par un syncrétisme qui joint au Nouveau Testament le pythagorisme et la morale des Anciens. De l'Ancien Testament, il ne porte guère d'attention qu'aux livres poétiques, *Job* et *Psaumes.* Son intérêt pour Ovide, son maître dans l'art d'aimer, qui le fait réfléchir sur la religion (avec les *Fastes*), qui l'inspire en poésie et lui ouvre des voies dans le roman *(Métamorphoses, Héroïdes),* qui s'est fait le chantre de l'exil et de la nostalgie, au sens fort du terme, avec les *Tristes*, n'a rien au fond de surprenant. L'étude de la culture latine de Challe ne résout pas le problème de son itinéraire spirituel, mais elle aide à mettre en lumière quelques repères de sa réflexion.

Frédéric Deloffre

---

[37] Notamment la formule: *religio suadetur, non imponitur,* cf. *Mémoires,* p. 38.
[38] *JV21,* t. I, p. 124; t. II, p. 162.
[39] Lettre du 30 avril 1714, *Mémoires,* p. 197.

CHALLE AVAIT-IL LU LES *HISTOIRES TRAGIQUES* DE ROSSET?

Les *Histoires tragiques* de Rosset ont connu au XVIIe et au XVIIIe siècles une très large diffusion. Aux dires d'Anne de Vaucher Gravili, elles furent «l'un des plus grands succès du XVIIe, sans doute le plus grand et le plus durable»[1]. Challe les avait-il lues? Dans l'affirmative, de quelle édition avait-il pu disposer? Qu'en avait-il retenu? C'est ce que nous nous proposons d'examiner.

*

Si l'on aborde le recueil de Rosset, en ayant présentes à l'esprit les sept nouvelles que Challe réunit dans ses *Illustres Françaises*, de nombreuses différences s'imposent dès l'abord.

Rosset traite dans ses *Histoires tragiques* une variété considérable de thèmes. Son registre va de l'inceste à l'adultère, en passant par le parricide, l'homosexualité, la sorcellerie, les empoisonnements, les duels, voire l'athéisme de Vanini et ses conséquences tragiques...

Dans les *Illustres Françaises*, au contraire, règne une unité thématique assez remarquable. Les histoires de Challe, comme les critiques de notre temps l'ont remarqué, forment une série de variations autour des premières rencontres et des développements de la passion inscrits dans le cadre juridique du code conjugal du XVIIe siècle[2]. Le milieu social se trouve lui aussi circonscrit entre la bonne bourgeoisie et la petite noblesse. Les problèmes sont souvent liés à l'opposition des pères, ou aux dangers que présentent les mariages secrets. Bref,

---

[1]   François de Rosset, *Histoires tragiques*, éd. Anne de Vaucher Gravili, Livre de poche classique, n° 703, Paris, 1994, p. 513.

[2]   Voir Artigas-Menant, Geneviève et Popin, Jacques, *Leçons sur* Les Illustres Françaises *de Robert Challe*, Champion – Slatkine, Paris, 1993; voir aussi Biet, C. et Bart, J., «*Les Illustres Françaises*, roman moderne. Exemple d'un romanesque juridique...», *Dix-Septième Siècle*, 44, 176, 1992, p. 387-405.

en face de la profusion baroque offerte par Rosset, Challe organise
avec une remarquable maîtrise une série de modulations d'un seul
thème. Ce point constitue à lui seul l'une des différences les plus
marquantes.

Ne revenons pas sur l'organisation des *Illustres Françaises*,
contentons-nous de signaler qu'elle est fort habile et contraignante[3].
Rosset, quant à lui, n'organise rien; il juxtapose dans le désordre, ce
qui permettra aux éditeurs postérieurs d'introduire des histoires supplémentaires sans que les lecteurs s'en rendent compte.

Dans la tradition de l'*exemplum*, Rosset accompagne constamment sa narration d'un discours moralisant destiné à indiquer au lecteur ce qu'il doit penser de l'anecdote, et à l'associer à un confor-
misme dont le récit lui-même se charge souvent de démentir les
leçons. Challe, absent, s'abstrait derrière les discours de ses personnages.

Le registre adopté par Rosset, théâtral et chargé de comparaisons
empruntées à la tradition du baroque post-renaissant s'oppose à la
simplicité de cette «pertinente impertinence d'un style sans second»,
comme disait Albert-Marie Schmidt[4].

Le ton emprunté par les personnages dès qu'ils recourent au style
direct est lui aussi aux antipodes de celui que nous fait entendre
Challe. La grandiloquence utilisée dans l'annonce d'une séparation:
«Il communiqua son dessein à Lydie qui, au commencement, ne pouvait se résoudre à souffrir l'éclipse de son beau soleil. Ses beaux yeux
ne cessaient de verser un torrent de larmes et sa belle bouche était
incessamment ouverte aux soupirs et aux sanglots (Rosset, p. 303)»
ne le cède en rien au manque de naturel qu'on peut observer dans les
monologues ou dans les dialogues: «O cruel père, vous avez cru me
procurer du bien en me privant de ce que j'avais aussi cher que moi-
même, et pensiez, en ce faisant, traiter une autre alliance plus avantageuse pour moi, selon votre opinion; mais vous ne considériez pas la
force de l'amour et mon inclination qui ne pouvait être forcée que par
la mort; et quel fruit recevrez-vous de votre cruauté, sinon que vous

---

[3]   Voir *I. F.*, p. XIX-XXVII; voir aussi F. Deloffre, «Le problème de l'illusion
      romanesque et le renouvellement des techniques narratives entre 1700 et 1715»
      dans *La Littérature narrative d'imagination*, Colloque de Strasbourg, 23-25 avril
      1959, Paris, 1961, p. 115-133.
[4]   Schmidt, Albert-Marie, «Un chef-d'œuvre inconnu», *Réforme*, 3 septembre 1960.

ne verrez jamais celui pour qui vous avez eu autrefois tant de soin? Et toi, perfide et cruel, qui, non content d'avoir abusé mon épouse et souillé par la plus grande trahison du monde ma couche, as encore exposé à toutes sortes d'inhumanités celle que tu étais obligé d'honorer? Je n'ai d'autre regret, en la fin de mes jours, que de ce que je ne puis te payer comme tu mérites, et laisser à la postérité une marques mémorable de juste vengeance. Je prie à Dieu qu'il l'exerce pour moi» (Rosset, p. 315).

PORTRAITS

Autre différence notable: dans la présentation physique de ses personnages, Rosset recourt aux stéréotypes que lui fournit la littérature baroque italienne. Ses portraits féminins, celui de Callirée (p. 183) ou celui de Calamite (p. 482), rappellent le portrait de l'Angélique du *Roland Furieux* de l'Arioste qu'il avait traduit:

> L'un loue son front et dit que c'est une table d'ivoire bien polie. L'autre s'arrête sur ses yeux et assure que ce sont les flambeaux dont Amour allume toutes les âmes généreuses. L'autre se met sur la louange de ses blonds cheveux qu'elle déliait parce qu'il était temps de s'aller coucher et ne cesse de proférer tout haut que ce sont les filets où le fils de Cypris arrête la liberté des hommes et des dieux. Enfin il n'y a partie de son corps qu'ils ne prisent. Ses mains ne vont jamais en vain à la conquête. Sa gorge surpasse la blancheur de la neige; et les petits amours volettent à l'entour de ses joues pour y sucer les roses, les lys et les œillets que la nature y a semés. (Rosset, p. 258)

Si Challe se souvient de cette esthétique[5], peu réaliste, c'est uniquement pour s'en moquer dans la *Continuation de l'histoire de l'Admirable Don Quichotte*.

ONOMASTIQUE

Enfin, les noms des personnages, dans Les *Histoires tragiques*, se rattachent à l'onomastique baroque, celle de l'*Astrée*, celle qu'on trouve dans le *Clitandre* de Corneille et dont le goût se prolonge en-

---

[5]   Challe connaissait sans doute l'original, peut-être dans la traduction de Rosset; voir *Continuation*, p. 287-288.

core dans *Les Caractères* de La Bruyère. En quelques pages surgit
tout un ensemble de noms de convention pseudo-grecs[6] destinés à
déguiser l'identité de personnages empruntés à l'actualité du temps.
Les historiens et les chercheurs se sont ingéniés à démasquer les
protagonistes et ont proposé des clefs très convaincantes[7].

Dans *Les Illustres Françaises*, une sobre simplicité confère aux
protagonistes une familiarité qui les inscrit dans la vie quotidienne.
Tout lecteur éprouve la certitude d'avoir déjà rencontré parmi les
contemporains de Challe des individus portant les noms qu'il leur
donne. De plus ces noms renvoient à des patronymes bien attestés
dans différentes régions de France et de Suisse romande[8].

Challe et Rosset partagent cependant un souci commun d'occulter
l'identité «véritable» des acteurs de leurs histoires[9], même si leur
façon d'organiser cette occultation diffère radicalement. Rosset choisit d'inscrire ses personnages dans un monde légendaire, celui de la
société à laquelle les noms grecs confèrent du prestige. Challe choisit
de dissoudre leur identité dans la banalité du commun.

Les formules auxquelles recourt Rosset montrent à la fois sa volonté de souligner ce que ces histoires doivent à la réalité du temps et
son désir de discrétion vis-à-vis des classes supérieures. Il insiste sur
ce point dès la préface de l'édition de 1615:

> Les noms de la plupart des personnages sont seulement dégui-
> sés en ce Théâtre, *afin de n'affliger pas tant les familles* de
> ceux qui en ont donné le sujet, puisqu'elles en sont assez affli-
> gées. (Rosset, p. 503)

Il y revient plusieurs fois dans le corps de ses nouvelles:

> Il y avait un gentilhomme français qui, après avoir rendu une
> infinité de marques de sa valeur et de son courage en Hongrie

---

[6] Relevons quelques noms à titre d'exemples: Histoire IV. Doris, Lyndorac, Calliste, Rochebelle, Melite; VI Callirée, Lycidas, Alidor, Fatyme, Iris; Histoire VII,
Lizaran, Doralice, Timandre, Valéran (223); 235 (15); Histoire XI Mélidor, Cly-
mène; Histoire XIII, Cléon, Cléonice son épouse, Floridan son fils, Lydie (issue
d'une noble famille de Picardie), un fils «je l'appellerai Gentian» (302); Histoire
XIV, Fleurie, Lucidamor; Histoire XIX, Flaminie, Saluste, Altomont; Histoire
XXII, Tanacre, Gabrine...
[7] Voir les introductions des différentes histoires dans l'édition de référence.
[8] Voir Giraud, Yves, «Les noms de personnages dans *Les Illustres Françaises*»,
R. H. L. F., 1998, n° 2, pp. 91-93.
[9] Voir *I. F.*, Préface, p. 1, n. 1.

contre les infidèles, retourna au pays de sa naissance. *Je le nommerais* de son propre nom et dirais le lieu de son origine, *mais* pour le malheur arrivé à sa maison, je m'en tairai pour le présent et l'appellerai Adraste. (Rosset, p. 319)

Un jeune gentilhomme de Pologne (*de qui je tais le nom* pour les considérations que j'ai ci-devant dites en autre part, et que je nommerai Eranthe) de fort bonne maison et d'illustre famille, allumé du désir d'aller en Italie... (Rosset, p. 354)

En revanche, c'est sans ménagements que Rosset livre les noms des gens de classes inférieures: leur réputation peut souffrir cette «publicité» puisque, issus du peuple, ils ne jouissent d'aucun crédit.

Je nommerai en cette histoire de leur propre nom les personnes dont je vous veux parler, contre les protestations que j'ai ci-devant faites. Leur condition vile et abjecte m'en dispensera, au lieu que le sang illustre de ceux de qui je traite quelquefois particulièrement m'oblige à la discrétion.... Il n'y a pas longtemps qu'habitait à Paris un homme nommé Jean Vaumorin, tailleur d'habits, fort renommé pour son métier... (Rosset, p. 284)

Dans *Les Illustres Françaises*, Challe recourt aux noms de son temps; ses héros portent des noms «français», dit-il, parce que «ce sont des Français» qu'il produit, «et non pas des étrangers»; pour autant, il ne livre pas les noms «réels» de ceux à qui ces aventures sont arrivées.

Néanmoins un détail retient notre attention. Certains noms de personnages, employés par Rosset, se retrouvent dans l'œuvre de Challe. Si l'utilisation de «Sylvie» présente dans l'Histoire XXI, ne révèle rien d'autre que la fascination exercée par ce prénom jusqu'à l'époque de Gérard de Nerval[10], le recours au nom de «Valeran» est plus significatif: «Valeran», héros de l'*Histoire* VIII, change d'emploi en figurant dans les *Illustres Françaises*, mais le rôle qu'il y joue ne détonnerait pas dans une des *Histoires tragiques* de Rosset[11].

---

[10]   Voir *I. F.*, p. XXXI.
[11]   Henri Coulet avait déjà noté que le nom de Valeran était commun à Rosset et à Challe, (voir *Le Roman jusqu'à la Révolution*, Paris, Armand Colin, 1967, t. 1, p. 155). – Valeran, amoureux fou chez Rosset (p. 223), désigne sous la plume de

Un troisième nom, «Cléon» (p. 298) présent dans l'histoire XIII, res-
surgit dans la *Continuation* du *Don Quichotte*, une des premières
œuvres de Challe. Nous aurons l'occasion de revenir sur cette rencontre troublante[12].

*

Si les différences entre les *Histoires tragiques* de Rosset et les
nouvelles de Challe sont nombreuses et immédiatement perceptibles,
les rapprochements ne laissent pas d'être riches de signification.

Bien que les premières histoires rassemblées par Challe dans *Les
Illustres Françaises* finissent bien, elles s'inscrivent dans un genre
littéraire donné, celui des *Histoires véritables* ou des *Histoires tragiques*. D'ailleurs le sous-titre du début du roman est bien *Histoires
véritables*[13], et Challe a manifestement l'intention de ranger ses nouvelles dans un genre dont il accepte les règles, entre autres la volonté
de décrire «l'univers trouble de l'instinct et de la transgression»[14].
Une des lois du genre veut que les histoires soient vraies et que
l'auteur se présente comme un témoin oculaire. Les propos de Challe
dans sa Préface n'ont sur ce sujet rien d'équivoque:

> On ne trouvera rien non plus d'emprunté d'ailleurs. Tous les
> incidents en sont nouveaux, et de source: du moins il ne m'a
> point paru qu'ils aient été touchés par personne. (*I. F.*, p. 4).

Il affirmait d'ailleurs dès le début de cette préface:

> Quoique je pose la scène de toutes les histoires à Paris, elles ne
> s'y sont pas toutes passées, les provinces m'en ont fourni la
> plupart. (*I. F.*, p. 1)

Rosset est habité par la même préoccupation: il se veut témoin
oculaire. Son témoignage s'accompagne cependant d'une préoccupa-

---

Challe le domestique meurtrier de sa femme et amoureux de Silvie. Voir aussi
F. Gevrey, *L'Illusion et ses procédés*, Paris, Corti, 1988, p. 62, n. 36.
[12]   Voir notes 27 et 28.
[13]   La même mention reparaît en titre courant au début de la deuxième partie du
récit, une dizaine de pages qui, dans l'édition originale, précèdent l'histoire de
Des Frans et de Silvie.
[14]   *Histoires tragiques, éd. cit.*, p. 9.

tion morale étrangère à Challe: une répulsion pour son temps qui apparaît plusieurs fois, pp. 191, 207... Le début de l'histoire IX est, à cet égard, révélateur.

> Quelle encre noircie d'infamie pourra bien tracer à la postérité l'histoire que je vais décrire! En quel siècle maudit et détestable avons-nous pris naissance, qu'il faille que nous y voyions arriver des choses dont le seul récit fait dresser les cheveux de ceux qui les entendent? Mais faut-il encore que tant d'exemples barbares et dénaturés paraissent parmi la nation la plus courtoise et la plus humaine du monde? O Ciel, à quoi nous réservez-vous! Ces accidents exécrables et inouïs sont les avant-coureurs de votre ire, si par un saint amendement nous ne la prévenons. Voici une cruauté non moins étrange que véritable, *j'en parle comme témoin oculaire*... (Rosset, p. 234)

SORTILÈGES ET MALÉFICES

Rosset et Challe vivent tous deux dans un univers marqué par une mentalité prélogique, qui attribue aux choses des pouvoirs maléfiques. Rappelons-nous l'histoire du collier de Silvie pour noter que ce récit repose sur un objet enchanté qui associe la passion amoureuse à la pratique des sangs mêlés et dont le contact direct avec la peau de l'être aimé joue un rôle décisif. Ces éléments se trouvent aussi dans la tragique histoire de Goffrédy que Challe évoque d'ailleurs à deux reprises dans les *Difficultés*:

> Messire Louis Goffrédy (...) ce malheureux, jetant l'œil de la concupiscence sur cette damoiselle (nommée Victoire) après l'avoir confessée, lui fit présent d'une feinte relique enchâssée dans de l'argent, la priant de la porter pour l'amour de Notre-Seigneur et lui donnant à entendre qu'elle était remplie de grande vertu (...) à peine l'eut-elle mise qu'elle se sentit embrasée d'une ardeur et d'une affection désordonnée envers cet exécrable. L'amitié qu'elle portait auparavant à son mari fut contrainte de céder au charme (...) elle qui ne peut supporter le feu déréglé qui brûle en ses mœlles est comme furieuse et a toujours Messire Louis [Goffrédy] à la bouche. Cette passion dura quelques jours jusqu'à tant que Dieu, ayant pitié de son innocence et ne voulant pas permettre que sa chasteté fût ainsi contaminée, voulut qu'en prenant une chemise elle ôte de son col une feinte relique. Elle ne fut pas plutôt hors de son col que le charme cessa et l'amour désordonnée prit fin. Sa passion se

représentant à ses yeux, elle s'en étonne, et s'accusant
d'impudicité, elle verse un ruisseau de larmes (Rosset, p. 121)

Survenu sur ces entrefaites, le mari trouve sa femme en larmes, et
toute revenue de sa passion déshonnête; il lui demande si Goffrédy ne
lui a rien donné.

Si a bien, dit-elle, il me donna un *Agnus Dei* enchâssé dans de
l'argent que j'ai porté à mon col quelque temps. – Et où est-il,
poursuit le mari. – Il est, repart-elle, dans mon coffre.» Il lui
demande la clef du coffre qu'il ouvre, et puis prend cet *Agnus-
Dei,* et trouve dedans la patte d'une chauve-souris, et par ce
même moyen, découvre la méchanceté et le maléfice de cet
exécrable sorcier... (Rosset, p. 122)

Une autre «victime» de Goffrédy est l'objet de maléfices différents:

Un jour, [Magdelaine de la Palud] se promenait en la galerie
qui était joignant sa chambre en l'archevêché d'Aix, lorsqu'un
magicien nommé Jean-Baptiste, ainsi qu'elle disait, vint à
l'instant et avec une lancette lui piqua le doigt plus proche de
l'auriculaire, et ayant pris de son sang, se retira (...) sans doute
que l'enchanteur lui tira ce sang pour faire contre elle un maléfice et pour lui rallumer dans son âme l'amour qu'elle portait
auparavant à Goffrédy. (Rosset, p. 126)

Piquer le doigt, recueillir le sang frais d'une blessure pour le mêler
à d'autres ingrédients afin d'obtenir un sortilège d'une redoutable
efficacité... voilà des pratiques magiques qui restent d'actualité à
l'époque de Challe, voire à la nôtre.

Mais Rosset va plus loin, le diable sait revêtir les apparences
d'une femme et jouer sur sa séduction pour perdre les hommes attisés
par la concupiscence. Tout en matérialisant le démon, ce que Challe
ne fait jamais, Rosset ranime le lien implicite qui, dans l'inconscient
occidental, associe la femme et le diable. La séduction est un des
attributs du démon. Rosset fait encore confiance aux prémonitions,
aux horoscopes, aux messages des nécromanciens.

Challe se défend de croire à «ces superstitions» mais les lettres
qu'il adresse aux rédacteurs du *Journal Littéraire* de La Haye sont

ambiguës[15]. Il y dit en même temps qu'on ne peut y croire et que néanmoins les faits enregistrés sont troublants.

MISOGYNIE

Dans les histoires de Rosset surgissent de façon inattendue des remarques trahissant un solide fonds de misogynie. Dans l'histoire de Valéran et d'Amarille (Histoire XIII), après avoir souligné l'héroïsme des deux amants qui acceptent la mort plutôt que de se voir séparés par la justice humaine, Rosset, parlant de l'héroïne qui a suivi son compagnon dans la mort, conclut paradoxalement par une remarque perfide:

> Exemple rare s'il en fut jamais, et d'autant plus remarquable, que l'infidélité règne au siècle où nous sommes parmi le sexe féminin. Les dames y font profession de l'inconstance et à peine en trouverait-on une semblable en tout le monde. (Rosset, p. 232)

Ailleurs encore d'autres formules péjoratives contre les femmes surgissent sous la plume du narrateur.

> Nous pouvons remarquer l'inconstance de ce sexe, plus variable que la girouette d'une tour et plus mouvant que le sable. *C'est un rare oiseau qu'une femme constante.* Nos siècles n'en produisent plus, et s'il en ont produit quelqu'une, la semence en est perdue. (Rosset, p. 307)

Challe ne dit rien d'autre, mais, formulée en latin, confortée par l'autorité de Juvénal, son affirmation est plus laconique: *rara avis in terris*[16].

Ailleurs (p. 294), Rosset déclare: «Ceux qui ont goûté du mariage affirment presque tous que les mariés n'ont que deux bons jours: celui des noces et le jour des funérailles de la femme.» Voilà qui rappelle les affirmations que le vieux Dupuis formule en présence du marquis de Verry[17], sans compter les aménités qu'on trouve dans le

---

[15] Voir lettres du 30 décembre 1713 et du 22 janvier 1714. *Mémoires*, p. 460-463 et 470-475.
[16] Voir *J. V.*, p. 396, *JV21*, t. II, p. 121, et la lettre du 22 janvier 1714 (*Mémoires*, p. 470).
[17] Voir *I. F.*, p. 22.

Journal de Voyage où Challe affirme avec le plus grand sérieux: «je crois qu'une femme est un meuble qui ressemble au poisson d'étang, excellent lorsqu'il est frais, rassasiant le second jour, et dégoûtant le troisième»[18].

Rosset va plus loin encore (p. 306): la sensibilité des femmes, leurs réactions à la douleur, n'éveillent de sa part aucune sympathie. Privées de signification, elles ne sont qu'un symptôme superficiel qui ne mérite pas de retenir l'attention des gens sensés: «c'est la manière des femmes qui pleurent et rient en même temps, et de qui l'amour, comme l'on dit, et la douleur ne durent que l'âge de ces animaux qu'on nomme éphémères, qui ne vivent qu'un jour» (p. 306). Challe ratifierait sans nul doute ce jugement, lui qui s'émeut au spectacle de la douleur d'une guenon, et qui soutient qu'on trouverait avec peine des mères humaines plus sensibles que les guenons[19].

Ce mépris du sexe féminin s'accompagne de réflexions sur la façon dont les femmes sont traitées ailleurs, en Espagne ou en Italie, qui ne surprendraient pas sous la plume de Challe[20]; mais il est vrai qu'il s'agit d'un *topos*, puisqu'on les trouverait aussi sous la plume de Cervantès ou de Scarron.

> Les Italiens sont plus jaloux et tiennent pour maxime qu'on doit garder et enfermer les femmes aussi bien que les poules, autrement on est en danger de les perdre. Coutume que je ne saurais approuver, puisqu'il est impossible d'empêcher une femme de mal faire quand elle en a fait la résolution[21]. Les murailles ni les tours d'airain ne sont capables de les retenir. (Rosset, p. 406)

LA PASSION ET LE SUICIDE
LA VIOLENCE

Les *Histoires tragiques* sont marquées par la violence. Le sang y coule abondamment; sang des victimes innocentes et sang des coupables exécutés par le pouvoir ou par ses représentants autorisés. Chez Rosset, la violence est omniprésente.

---

[18]   Voir *J. V.*, p. 397.
[19]   Voir *J. V.*, p. 342.
[20]   Voir *Continuation*, p. 221, n. 160.
[21]   On observera l'humour de cette proposition causale. On attendrait un jugement négatif sur le procédé barbare auquel recourent les maris italiens; au lieu de quoi Rosset en profite pour formuler une condamnation radicale de la gent féminine.

Une violence comparable est à l'œuvre dans les nouvelles de Challe, que ce soit lorsque Dupuis se jette sur son épée, lorsque Mme Morin ou la femme de Valeran sont empoisonnées, lorsque Rouvière embroche Valeran, lorsque Garreau est torturé à mort dans les cachots de la justice, ou encore lorsque Dupuis provoque son frère en duel et le blesse sauvagement, tout en étant lui-même transpercé. Mais son domaine d'application est plus restreint; elle s'associe souvent à la passion amoureuse qui veut des sentiments extrêmes et dont l'expression peut déboucher sur la mort. Il s'agit encore une fois d'un *topos*, dont on trouve des exemples chez Rosset.

> Tandis que Saluste lamente la perte de ses amours, Flaminie soupire la sienne. Elle appelle cent fois la mort à son secours et accuse d'injustice ses parents. Quelquefois, elle entre en un si cruel désespoir qu'elle veut ouvrir son sein d'une dague ou avaler des charbons ardents comme Porcie. (Rosset, p. 404)

Lyndorac, dans l'histoire IV, adresse à Calliste une lettre enflammée qui s'achève sur des serments exaltés. L'attitude, sinon le ton, annonce directement celle de Dupuis qui, rebuté par Mme de Londé, menace de se suicider; à moins que ce ne soient les serments que formule le même Dupuis à l'adresse de Célénie pour la convaincre de sa sincérité après le premier mauvais tour qu'il lui a joué[22].

> Je vous conjure par ces soleils qui m'éclairent de recevoir la promesse que je vous fais de n'adorer désormais autre que vous. Je la signerai de mon sang, si vous le voulez ainsi, et vous témoignerai par ma mort que mes paroles et ma passion sont une même chose. (Rosset, p. 137)

La suite du passage (Rosset, p. 138) confirme que le récit de Challe s'inscrit dans une tradition.

Désespéré par l'indifférence feinte de la jeune femme, Lyndorac est tenté par l'idée du suicide. C'est la suivante, ici Mélite, qui sert d'intermédiaire, transmet les lettres, et – comme la Mousson dans la septième histoire de Challe – intervient pour donner du courage à l'amant désespéré.

Lyndorac arrive à ses fins; il épouse la belle Calliste, mais doit presque aussitôt partir en campagne au service du Roi.

---

[22]   Voir *I. F.*, p. 583 et 487.

Le manège de Rochebelle, un rival évincé de Lyndorac, préfigure celui de Gallouin avec Silvie, mais une différence s'impose. Calliste s'amuse à séduire Rochebelle (Rosset, p. 143), alors que Silvie demande à Des Frans de lui éviter de se trouver davantage en présence de Gallouin.

Contrairement à Gallouin, Rochebelle n'obtient rien de la belle Calliste. Il soupire en vain. Lyndorac ne découvrira rien de ses propres yeux. Mais une sœur de Calliste joue le rôle du traître Iago. En disant à Lyndorac qu'en son absence, Calliste s'est abandonnée dans les bras de Rochebelle, elle distille la jalousie dans l'âme de ce nouvel Othello. Lyndorac écoute sa sœur, et croit donc Calliste coupable d'adultère. Comme dans l'histoire de Silvie et de Des Frans cette fois, il entreprend de châtier les coupables. Décidé à tuer Rochebelle, Lindorac part sans mot dire, se rend au château de son rival et le provoque en duel à mort. Mais Rochebelle esquive le duel, refuse de se battre avec Lyndorac. Ce dernier, fou de rage, décide de punir Calliste: il lui «ôte le maniement de ses affaires de femme, la gourmande, et la traite le plus indignement du monde». Les plaintes de Calliste (Rosset, p. 148) annoncent celles de Silvie.

LE CHANT; LA POÉSIE

Tout comme chez Challe[23], le chant joue un rôle important dans les armes dont dispose un séducteur; non seulement il permet de faire apprécier une belle voix et l'habileté du chanteur qui la maîtrise, mais en plus les paroles expriment un sens qui peut traduire les sentiments de celui qui chante.

> Fatyme accoste [Callirée] après souper et se met à chanter une chanson amoureuse. La douceur de sa voix qui ravissait les assistants fit que Lycidas le pria de la recommencer, et ayant appris d'Alidor qu'il jouait fort bien du luth, il lui en fit apporter un. L'ayant mis d'accord, il se mit à marier sa voix au son de l'instrument et à chanter une chanson pitoyable qu'un bel esprit de ce temps, plein de désespoir, avait nouvellement composée. Elle est assez commune par toute la France. La teneur en est telle:

---

[23]   Voir *I. F.*, p. 190, 313 et *Continuation*, p. 101; voir aussi J. Cormier, «En écoutant la *Proserpine* de Lully...», dans *La Voix dans la culture et la littérature françaises*, actes du colloque de Clermont, J. Wagner, 1999.

> *Auprès des beaux yeux de Philis*
> *mourait l'amoureux Calliante,*
> *Heureux en sa fin violente*
> *De ses jours si tôt accomplis*[24].

En chantant, il avait toujours les yeux sur Iris et savait si bien contrefaire le passionné que le mari de Callirée ne pouvait s'empêcher de rire. (Rosset, p. 186)

Fatyme bénéficie d'un jugement favorable, celui de l'auteur qui cite les vers en question en enregistrant leur succès. Par la bouche de Des Frans, Challe formule un jugement négatif sur le texte qu'il cite – «les vers n'en valent rien, mais l'air n'est pas mauvais, et cadre assez aux paroles»[25] –. Quoi qu'il en soit, même si le *topos* se trouve inversé, le procédé est de même nature.

> Il passa une partie de la nuit à s'entretenir de ses pensées et l'autre à composer un sonnet sur les perfections de Callirée. Je l'ai ici inséré parce qu'il me semble fort bon. Aussi ce gentilhomme faisait d'aussi beaux vers français que gentilhomme de son temps:

SONNET

> *Il n'est point de beauté semblable à Callirée:*
> *Son front est un miroir où se mirent les dieux,*
> *La liberté s'enfuit au-devant de ses yeux,*
> *Et l'amour est lié de sa tresse dorée...*
> *O dieux, puis-je bien voir ce soleil de beauté,*
> *Sans brûler de l'amour d'une*[26] *si belle chose?* (Rosset, p. 188)

Le procédé plaît tellement à Rosset qu'il y recourt à plusieurs reprises (p. 269, 320-321, 405).

---

[24]   Ce quatrain est le premier d'une pièce intitulée *Désespoir*, qui en comporte neuf. Publiée par les soins de F. de Rosset en 1615 chez T. du Bray, dans *Les Délices de la poésie française*, elle est attribuée à Raoul Callier.

[25]   Voir *I. F.*, p. 190.

[26]   L'édition de 1619 porte bien «l'amour d'une» et non «l'amour une», texte donné par Anne de Vaucher Gravili.

Que de rapports et que de rapprochements! Sans doute sied-il de
ne point s'aventurer à la légère. Rapports et rapprochements ne sont
souvent que recours aux mêmes *topoï* ou rencontres de détail. Si précises et nombreuses qu'elles soient, l'on ne saurait arguer de certaines coïncidences pour établir avec certitude une influence de Rosset
sur Challe.
Il faudrait davantage.

*

En éditant la *Continuation* du *Don Quichotte*[27], nous avions avancé
à titre d'hypothèse l'idée que les Histoires de Justin et de Sotain
constituaient les débuts de l'œuvre narrative de Robert Challe. La
confrontation du deuxième paragraphe de l'histoire XIII et du premier paragraphe de l'histoire de Justin justifie pleinement cette intuition, puisqu'elle permet de constater que Challe s'inspire directement
de Rosset. Qu'on en juge:

> Cléon, héritier d'une des plus illustres maisons de France, était
> un seigneur accompli en beaucoup de rares qualités. Il avait
> mille fois témoigné son courage et sa valeur aux yeux de son
> prince en tant de batailles et de rencontres qu'à bon droit, il
> avait acquis le titre de parfait cavalier. Lorsque l'âge le dispen-
> sa de se trouver désormais aux sanglants exercices de Mars, il
> se retira en une sienne maison bâtie aux bords du fleuve Loire.
> Quand il quitta le train des armes, il avait déjà perdu Cléonice,
> sa chère épouse, à qui les vertus servaient de lustre et
> d'ornement. De leur chaste couche était procédé un fils nom-
> mé Floridan, doué de beauté et de bonne grâce autant qu'un
> gentilhomme de son temps. Après que le père l'eut fait ins-
> truire en tout ce qui peut rendre recommandable une personne
> de pareille qualité, il délibéra de le marier de bonne heure avec
> la fille d'un seigneur sien voisin, fort riche et fille unique, de
> même que Floridan était fort riche et fils unique. (Rosset,
> p. 298-302)

---

[27] Voir *Continuation*, p. 41-43.

Si l'on excepte le changement de sexe des enfants, le début de l'histoire de Challe[28] est tellement proche du texte de Rosset que l'évidence de l'emprunt s'impose. La suite de l'histoire de Rosset n'est pas étrangère à l'univers de Challe. Son thème annonce celui de Des Prez et de Madeleine de l'Epine. Floridan rencontre «*un jour en la galerie du Palais, lieu où communément la jeune noblesse se rend pour y voir une infinité de belles dames qui y abordent aussi de toutes parts,*» une jeune femme masquée, «*de belle taille et de fort bonne mine*». «*Floridan apprend d'elle son nom, le lieu de sa naissance et les affaires qui la retiennent en ville, à la poursuite d'un procès dévolu par appel en la cour de Parlement.*» Floridan lui offre «*de l'assister et d'employer ses amis pour lui faire obtenir gain de cause*». Le procès gagné, il lui fait part de son amour. La jeune fille, désireuse de retourner dans sa Picardie natale, souligne «*la différence et inégalité du sang*» qui lui interdit tout espoir d'alliance légitime. Dans leur formulation les propos de «*cette damoiselle que nous nommerons Lydie*» rappellent ceux que Marguerite de Navarre prêtait à cette Françoise qui remet à sa place le prince qui lui fait des avances[29], mais dans les répliques qu'échangent Angélique et Contamine[30] on perçoit un écho à la fois de Rosset (pp. 300-301) et de Marguerite de Navarre.

Las, Lydie n'est pas la Françoise chaste et pure que présente Marguerite de Navarre. Impulsive et passionnée, la jeune fille se laisse séduire, retourne d'abord chez elle, emporte ce qu'elle peut du logis paternel puis suit le «gouverneur» du jeune homme, nommé La Garde, en Auvergne où le mariage clandestin est célébré en présence

---

[28] Cléon fut un des premiers d'une des plus riches provinces de France; son bien égalait sa naissance, et ses emplois étaient dignes de l'un et de l'autre. Il a passé pour un des plus beaux génies de son temps, d'une sagesse et d'une prudence consommée. Il avait épousé une fille fort riche qui mourut trois ans après son mariage, et ne lui laissa qu'une petite fille que je nommerai Silvie. Pénétré du regret de la mort d'une épouse qu'il avait parfaitement aimée, il ne voulut plus se marier et borna son plaisir à élever l'enfant qu'il avait eu d'elle. Cette petite fille se vit croître, et en même temps les honneurs de son père et son bien qui était déjà fort ample. Elle devint une puissante héritière, et son père qui l'aimait autant qu'elle était aimable, songea sérieusement à l'établir sitôt qu'elle eut atteint sa quinzième année. (...) Cléon trouva pour sa fille un parti qu'il crut (...) son fait. (...) Il la destina à un des plus honnêtes hommes du monde, parfaitement bien fait et d'un vrai mérite, en un mot à un homme capable de se faire aimer... (*Continuation*, p. 257-258)

[29] *Heptaméron*, histoire XLII.

[30] Voir *I. F.*, *passim* p. 88-92.

d'un prêtre, de La Garde et d'un valet de chambre. Au bout d'un an, Lydie accouche d'un garçon.

La suite de l'histoire rappelle l'*histoire de la fille du roi de Garbe*. Lydie est la victime d'un sort contraire, des embûches de multiples séducteurs, et des manigances d'un serviteur infidèle. Elle épouse successivement trois hommes mais n'a jamais le sentiment de commettre un adultère. C'est déjà, avant celle de Scarron et celle de Challe, une «adultère innocente».

Toutes ces observations révèlent plus qu'un fond romanesque commun; il s'agit à l'évidence d'influences. La similitude d'inspiration, des souvenirs précis, une fois même un emprunt quasi textuel, permettent, malgré l'absence de toute allusion formelle, de conclure: Challe avait lu l'œuvre de Rosset.

*

Reste un dernier problème: de quelle édition des *Histoires tragiques* Challe s'est-il servi. Sans doute n'a-t-il pas disposé des premières éditions. Le contenu du recueil s'est modifié plusieurs fois. Ainsi en 1679[31], l'histoire de la marquise de Ganges et celle de la Brinvilliers trouvent place dans le recueil. Or, ces deux histoires apocryphes[32], probablement issues de la même main, se singularisent par nombre de traits qui les distinguent des histoires originales de Rosset. Introduisant le tragique et la violence dans la vie quotidienne du milieu de l'aristocratie ou de la bonne bourgeoisie, elles présentent toutes deux avec *Les Illustres Françaises* une parenté de ton plus immédiate que les nouvelles authentiques de Rosset. D'ailleurs les procédés narratifs utilisés sont sensiblement différents de ceux qu'on trouve dans le recueil de 1614.

---

[31] L'histoire de ces avatars reste encore à faire, de même qu'une étude des éditions du texte au cours du XVIIᵉ siècle. Voir George Hainsworth, *Les «Novelas exemplares» de Cervantès en France au XVIIᵉ siècle. Contribution à l'étude de la nouvelle en France*, Paris, Champion, 1933 (sur Rosset et les *Histoires tragiques* p. 50-110, 137-153) et les articles: «Rosset and his Histoires Tragiques», *The French Quaterly*, XII, 1930, p. 124-141; «Additional Notes to François de Rosset», *Modern Language Notes*, XXXII, 1937, p. 15-21.
[32] Nous avons consulté l'édition de J-B. Barbier, Lyon, 1685, (Bibliothèque nationale, Y2 63667) qui contient aussi ces deux histoires supplémentaires. Nous tenons à remercier Françoise Gevrey qui nous a procuré des copies de son exemplaire personnel identique à celui de la B. N.

Les deux histoires fournissent les noms de personnages réels renvoyant à des milieux précis, individualisés: Ste Croix (l'amant de la Brinvilliers), un valet nommé la Chaussée, Mr. d'Aubray, le frère de la Brinvilliers, (pseudo-Rosset, p. 584). Dans l'histoire de la marquise de Ganges, les noms sont empruntés à la chronique locale. Elle est la fille unique du sieur de Roussan, son aïeul maternel s'appelle Joanis, sieur de Nochères. En premières noces elle épouse le marquis de Castellane, petit-fils du duc de Villars, en secondes noces elle se marie avec le marquis de Ganges, baron du Languedoc, gouverneur de Saint-André. M. de Catalan décrète le marquis de prise de corps après la mort de la marquise. Les barons de Semenez et de Ginestous témoignent en sa faveur, le baron de Tressan, grand prévôt du Languedoc se met à la poursuite des meurtriers... En quelques pages se met en place tout un réseau de noms évocateurs qui tous renvoient à la Provence.

Le narrateur observe des détails matériels très concrets; ainsi, lorsqu'on ouvre les frères de la Brinvilliers après leur mort, on leur trouve «l'estomac tout noir, s'en allant en morceaux, et pareillement le duodenum, le foie gangrené et brûlé, laquelle altération a été causée par un poison ou humeur qui se corrompt quelquefois jusques au point de faire les mêmes effets que le poison».

A l'évocation de la marquise de Ganges, le lecteur se rappelle instantanément l'histoire de ce mari désargenté qui livre sa femme à ses deux frères à charge pour eux de l'empoisonner, de la poignarder, et de l'achever à coups de pistolets si le poison ou le fer n'agissent pas assez rapidement. Fait divers dramatique qui après avoir frappé l'imagination populaire devait inspirer à Sade son dernier récit.

Comment Challe a-t-il eu connaissance de cet odieux fait divers? La rumeur publique a certainement circulé au temps de son enfance. Des placards ont été largement diffusés immédiatement après le meurtre et le procès[33]. Il est cependant plus vraisemblable qu'il en a trouvé le récit dans une édition des *Histoires Tragiques* de 1679.

---

[33] *Les Véritables et principales circonstances de la mort déplorable de Madame la marquise de Ganges*, Paris, Rouen, Arles, 1667, ou encore le récit du père Lelong, *la Relation de la mort de la marquise de Ganges*, publié lui aussi à Paris en 1667.

C'est l'histoire de Silvie qui offre le plus de rapprochements avec l'histoire de la marquise de Ganges. Dans le récit du pseudo-Rosset comme dans celui de Challe, l'héroïne est victime des hommes qui l'entourent. Ce sont eux qui agissent et la victime est toujours vue de l'extérieur. Dans les deux histoires, la jeune femme est incapable de prendre conscience et, bien sûr, de formuler clairement ce qui lui arrive. Elle est le jouet des circonstances et surtout des comparses masculins qui gravitent autour d'elle.

Le décor sinistre joue un rôle dans la détermination de l'ambiance des deux histoires.

Dans l'histoire de la Marquise de Ganges, d'entrée de jeu l'auteur signale en une phrase que la marquise éprouve de la répugnance à se rendre à Ganges. «Par un pressentiment secret dont elle ne savait pas la cause, [elle] craignait le séjour de ce château, [et] forma la résolution de faire son testament avant son départ» (pseudo-Rosset).

Beaucoup plus concret dans son évocation d'un décor sinistre, Challe décrit de façon suggestive[34] la maison, où Des Frans accueille Silvie dans le Poitou, et le premier sentiment que celle-ci éprouve lorsqu'elle découvre la chambre qu'il lui a réservée.

Concluons: Challe avait certainement lu les *Histoires tragiques*. Un élément emprunté aux propres *Mémoires* de Challe le confirmerait encore si besoin en était. Comme on le sait, dans ses *Mémoires* il répand sa bile sur La Boulaye qu'il rend responsable de l'échec de son expérience canadienne. Parlant avec l'humour caustique qui le caractérise d'un «aussi honnête homme» que La Boulaye, il signale incidemment que ce dernier «aura trouvé dans ce pays-là [la région de Boston] un aussi honnête homme que lui; je veux parler du chevalier de Canges, qui de concert avec l'abbé son frère poignarda et empoisonna la belle Mademoiselle de Canges, leur belle-sœur, dont l'histoire a fait tant de bruit dans le monde. J'y ai vu ce chevalier qui, sous le nom de Hautefeuille, avait une compagnie d'infanterie, et qui était regardé comme le dernier des malhureux [*sic*]. C'était là une digne compagnie pour La Boulaye»[35].

Possédé par une rage qui l'aveugle quelque peu, Robert Challe associe deux méfaits qu'il juge comparables. L'incompétence dont La Boulaye a fait montre dans la gestion du comptoir commercial revêt à

---

[34] *I. F.*, p. 414.
[35] *Mémoires*, p. 390.

ses yeux la même gravité que le meurtre sanglant perpétré par le chevalier de Ganges et par son frère l'abbé. Exagération de romancier, emportement d'un homme vif lésé dans ses intérêts personnels, toujours est-il que l'image du chevalier de Ganges s'impose à son imagination comme un «digne» compagnon de La Boulaye au moment où il lui faut trouver un homme «digne» de susciter une haine inexpiable.

Le personnage littéraire sort des *Histoires tragiques*; la fiction se «réalise», prend corps, sort du livre pour revêtir un visage. Le livre et la vie quotidienne se rejoignent. L'*Histoire tragique* s'incarne dans la vie «réelle» de Robert Challe.

Non seulement Challe a lu *Les Histoires tragiques* de François de Rosset, mais il a dû les lire dans l'édition de 1679 ou dans celle de 1685; et le souvenir de ce recueil l'a poursuivi depuis les années 1700, moment où il rédige la *Continuation*, jusqu'en 1716, année au cours de laquelle il interrompt la rédaction de ses *Mémoires*.

                                        Jacques Cormier

PRÉSENCE DE SCARRON DANS LE *JOURNAL DE VOYAGE* ET DANS *LES ILLUSTRES FRANÇAISES*

On ne peut guère imaginer deux auteurs plus différents que ne le furent Scarron et Challe. Malgré quelques traits de caractère communs (dans son autoportrait Scarron déclare: «J'ai toujours été un peu colère, un peu gourmand et un peu paresseux. J'appelle souvent mon valet *sot*, et un peu après *Monsieur*. Je ne hais personne»[1], autant de comportements qui pourraient être ceux de l'écrivain du roi sur *L'Ecueil*), les destinées des deux hommes paraissent les séparer. Quoi de commun entre le petit homme ressemblant à un Z, cloué à sa chaise, et le voyageur vigoureux qui parcourut le monde; entre l'écrivain qui tint salon, qui dédia son roman au Coadjuteur ou à la Surintendante, et l'auteur qui, né un an avant la mort de Scarron, resta dans l'anonymat et ne réclama la paternité des *Illustres Françaises* et de la *Continuation* que dans ses *Mémoires* posthumes[2]?

Cependant, à la lecture du *Journal d'un voyage aux Indes* comme à celle des œuvres romanesques de Robert Challe, la présence de Scarron s'impose. Elle tient d'abord aux citations et à l'évocation de personnages du théâtre ou du *Roman comique*. Dans le *Journal*, sept passages se réfèrent ainsi à Scarron, et il apparaît que Challe cite de mémoire au prix de quelques inexactitudes ou de quelques erreurs. Lorsqu'il voit un navire anglais auquel on a mis le feu, il reprend un vers ironique de *Jodelet ou le maître valet* :

C'est dans l'obscurité, que la lumière est belle[3].

---

[1] *Portrait de Scarron par lui-même,* Préface de *La Relation véritable (...) sur la mort de Voiture* (1648), reproduite dans *Le Roman comique*, éd. de Yves Giraud, Le Livre de poche classique, 1994, p. 50. Nous employons le sigle *RC* pour désigner *Le Roman comique*.

[2] Voir *Mémoires*, p. 34.

[3] *Jodelet ou le maître valet*, V, 3, p. 152 (réplique de dom Louis adressée à Jodelet qui ne veut se battre que dans l'obscurité); *J. V.*, p. 312.

Dans un autre passage, un missionnaire est décrit de façon plaisante par des vers burlesques empruntés à l'*Epître à Mme de Hautefort*[4] qui sont pour l'auteur une occasion d'exprimer sa répugnance à l'égard de la barbe. Challe garde aussi en mémoire des formules du *Roman comique* lorsqu'il décrit le comportement de Renaucourt dans une auberge de Saint-Yago:

> Il fit comme Ragotin dans la maison de l'hôte mort; il en fit moins de bruit et en but davantage[5].

On constate la même exactitude quand il s'agit de comparer La Chassée à La Rancune lors d'une scène où il «turlupine» un aumônier:

> Le pauvre pater, tout défait et confus, a mieux aimé qu'il lui en coûtât trois flacons de sa cave, que de laisser achever notre vieux reître, qui a, je crois, aussi bien que La Rancune du *Roman comique* de Scarron, des mémoires de l'histoire scandaleuse de tout le genre humain[6].

Il arrive que Challe se contente d'évoquer un chapitre du *Roman comique*, ainsi lorsqu'il raconte les vengeances inutiles que médite Bouchetière:

> Ce seront celles de Ragotin contre la servante qui l'avait campé dans un coffre, et l'Olive qui l'avait fouetté[7].

---

[4]   *J. V.*, p. 323: «Il porte une barbe en crépine: / Dieu la préserve de vermine;/ Car si vermine s'y fourrait,/ Trop souvent il se gratterait:/ Dont pourrait souffrir du dommage/ La gravité du personnage» (Scarron écrivait «Dont recevrait quelque dommage/ La gravité du personnage», *Épitre à Mme de Hautefort*, *Suite des œuvres burlesques*, Rouen, A. Ferrand, 1654, p. 5-6. Cette référence, qui nous a été communiquée par J. Popin, fait apparaître que Challe citait de mémoire, et de façon presque exacte, un texte dans lequel Scarron parlait beaucoup de lui-même et s'appliquait à la satire de graves personnages.

[5]   *J. V.*, p. 140; Scarron écrit: «Ragotin fit moins de bruit et en but plus de vin» (*RC*, II, ch.VII, éd. Jean Serroy, Folio, 1985, p. 224). Ragotin est comparé à un «fanfaron de taverne» dans ce chapitre.

[6]   *J. V.*, p. 469, *RC*, I, ch. XVI: «Ce beau commencement d'histoire attira auprès de La Rancune tous ceux qui étaient dans la chambre, qui savaient bien qu'il avait des mémoires contre tout le genre humain» (p. 143).

[7]   *J. V.*, p. 161; *RC,* II, ch.VII, p. 231.

Habituellement associé à des scènes de disputes ou de combats burlesques, le personnage de Ragotin inspire à l'auteur du *Journal des plaisanteries* sur le nom d'un officier:

> J'ai dit ci-devant que la discorde était fort grande sur le *Florissant*. On dit que cela provenait d'un M. de La Ragoterie, capitaine d'infanterie dont on dit que l'esprit, autant et plus ragotin que le corps, est incompatible avec qui que ce soit[8].

La présence de Scarron est telle que Challe lui attribue des vers qu'il n'a pas écrits, comme ceux que prononce Jodelet dans *Le Geôlier de soi-même* de Thomas Corneille, cités dans la méditation entraînée par les mouvements de l'eau autour du gouvernail:

> A l'égard de mon corps, je puis dire comme Jodelet, prince de Scarron,
> *Je me tâte et retâte,*
> *Sous différents habits je sens la même pâte*[9].

A ces indices clairement laissés au lecteur, il convient d'ajouter l'influence de l'Espagne et de Cervantès que Scarron et Challe ont tous deux subie. Dans *Le Roman comique*, La Garouffière fait l'éloge des Espagnols qui

> avaient le secret de faire de petites histoires qu'ils appellent nouvelles, qui sont bien plus à notre usage et plus selon la portée de l'humanité que ces héros imaginaires de l'antiquité qui sont quelquefois incommodes à force d'être trop honnêtes gens; enfin que les exemples imitables étaient pour le moins d'aussi grande utilité que ceux que l'on avait presque peine à concevoir. Et il conclut que si l'on faisait des nouvelles en français, aussi bien faites que quelques unes de celles de Michel de Cervantès, elles auraient autant de cours que les romans héroïques[10].

---

[8] *J. V.*, p. 346.

[9] *J. V.*, p. 110; *Le Geôlier de soi-même*, II, 6: «Ma foi je n'y vois goutte, ils ont beau haranguer,/Eux ou moi, nous avons le don d'extravaguer./ Je ne me trompe point, je me tâte, retâte,/ Et sous d'autres habits je sens la même pâte: /Oui, tous mes vêtements sont ici superflus, / je suis encore moi-même ou jamais ne le fus» (Jodelet est ici revêtu de l'équipage qu'il a trouvé dans le bois; la scène est à Gaiette; Frédéric de Sicile est un des personnages de ce scénario dans lequel les déguisements jouent un grand rôle).

[10] *RC*, p. 165-166.

Ce manifeste annonce pour une grande part les intentions de la
préface des *Illustres Françaises* qui «tendent à une morale plus naturelle, et plus chrétienne, puisque par des faits certains, on y voit établi
une partie du commerce de la vie»[11]. Il va de soi que le personnage de
Ragotin doit beaucoup à celui de Sancho dont les mésaventures oc-
cupent encore une place importante dans la *Continuation*, l'œuvre
avec laquelle Challe a fait son apprentissage de romancier[12]. Cette
source commune entraîne des techniques narratives voisines: des
devisants rassemblés pour des repas prennent la parole à tour de rôle
pour conter leur histoire; ainsi dans *Le Roman comique*, Le Destin,
Léandre, et La Caverne tressent leurs aventures comme le feront des
Ronais, Terny, des Frans et Dupuis dans l'œuvre de Challe. A la po-
lyphonie des instances narratives, correspond une même façon
d'associer le tragique et le comique, de se défier de la parole dans des
œuvres où l'on parle beaucoup, et de pratiquer l'ironie à l'égard du
genre qu'on utilise. On voudrait ici faire apparaître quelques rapprochements qui renforcent la présence de Scarron dans l'œuvre de
Challe. On les cherchera d'abord dans le prologue des *Illustres Françaises*, puis dans un certain nombre de situations et de personnages,
enfin plus particulièrement dans l'»Histoire de Dupuis et de Mme de
Londé» qui occupe une place stratégique dans l'économie du roman.

L'univers narratif que Scarron installe dans le premier chapitre du
Roman comique se retrouve sur deux plans, dans la Préface et dans le
prologue des *Illustres Françaises*. Il reste en effet du ton de Scarron,
qui se moque du style des descriptions en voulant «parler plus hu-
mainement et plus intelligiblement»[13], dans les intentions que Challe
affiche dans sa préface, et dans ce *je* qui défie les «curieux» et revendique la liberté en déclarant:

> J'ai écrit comme j'aurais parlé à mes amis dans un style pure-
> ment naturel et familier[14].

Au reste Challe donne son ouvrage «au public de bonne volonté»[15], tout comme Scarron s'entretenait avec le «lecteur bénévole» et

---

[11] *I. F.*, p. 1-2.
[12] Voir *Continuation*, chapitre XLIII, p. 164, «De l'accident qu'il arriva au chevalier Sancho, en tirant une arme à feu. Remède pire que le mal». On se reportera
pour cette œuvre aux analyses de J. Cormier et M. Weil, p. 44-45, et 61.
[13] *RC*, I, ch. I, p. 37.
[14] *I. F.*, p. 4.

finissait un chapitre «sous le bon plaisir du lecteur bénévole ou malé-vole»[16]. Ce dialogue avec un lecteur complice s'accompagne d'un souci d'authenticité réclamé par l'adjectif *véritable* que Scarron emploie souvent («ces très véritables et très peu héroïques aventures»; «cette véritable histoire»[17]). Pour Scarron l'authenticité consiste à placer l'action dans un univers provincial, celui des halles du Mans, un décor qu'il connaît bien et qui touche à sa propre expérience. Challe, de son côté, affirme que les provinces lui ont fourni la plupart de ses histoires. Dans un cas comme dans l'autre, la province ne dé-tient pas la norme des valeurs, mais elle garantit le vrai, par opposi-tion au monde de la cour toujours suspecté d'être idéalisé comme l'était l'univers des grands romans. Dès les premières pages du *Roman comique*, le lecteur comprend qu'il n'y aura pas un seul héros destiné à se détacher; l'idée est reprise au chapitre V, lors du portrait de La Rancune, «un des principaux héros de notre roman, car il n'y en aura pas pour un dans ce livre-ci»[18]; de même la préface et le pro-logue de Challe présentent un groupe de personnages dont les histoi-res se croisent et s'éclairent les unes les autres. Scarron maintient l'équilibre entre l'authenticité et la fantaisie par le traitement qu'il fait du temps; les repères, qui sont des références culturelles, parais-sent vrais et identifiables; beaucoup renvoient au temps de la jeunesse de l'auteur et de son séjour au Mans (1633-1640); cependant il mêle les époques lorsqu'il évoque «feu Rotrou»(Rotrou est mort en 1650) ou qu'il fait représenter dans la seconde partie son *Don Japhet d'Arménie* (1652). De même Challe se déclare libre de faire chanter par Silvie un air de l'opéra de *Proserpine* (1680), bien qu'il ait décla-ré que le quai Pelletier n'était point encore bâti.

Ces attitudes communes à l'égard des cadres du récit se confir-ment dans la conception même des prologues. L'un et l'autre recou-rent à la technique du début *in medias res*; l'un et l'autre usent d'objets et de circonstances symboliques pour piquer l'attention. A l'entrée de la charrette pleine de coffres et de malles (qui renferment les histoires, l'aventure, la liberté), correspond celle du cavalier qui se trouve arrêté dans un embarras de Paris. Des Frans, l'homme abandonné aux aventures et à l'exil, rentre dans une société fermée qui va l'accueillir. Michèle Weil a souligné l'intérêt de l'embarras de

[15] *I. F.*, p. 5.
[16] *RC,* I, ch. XII, p. 86 et II, ch. IX, p. 239.
[17] *RC*, p. 87, 223, 296.
[18] *RC*, I, ch.V, p. 47.

voitures qui peut représenter l'embarras des fils du récit[19]; il est à noter que Scarron fait usage du même procédé lorsqu'il joue à faire converger dans le chapitre des brancards tous les protagonistes de son roman[20] sans toutefois livrer au lecteur les clés dont ce dernier aurait besoin pour comprendre le rôle de chacun. Au personnage du Destin, correspond pour Challe celui de des Frans, un des plus romanesques des *Illustres Françaises*, et qui fait souvent référence à son étoile. Bien qu'ayant adopté la condition des comédiens, Le Destin est «un jeune homme aussi pauvre d'habits que riche de mine»; Challe pour sa part relève la «bonne mine» qui fait regarder des Frans par tous les gens des carrosses. L'un et l'autre salis par la boue, Le Destin et des Frans vont reprendre un habit convenant à leur condition pour entrer dans la société qui les reçoit.

Ces deux personnages portent en eux le mystère. Les comédiens ne sont que des «inconnus»; Le Destin paraît dissimulé par un grand emplâtre qui lui couvre un œil, et il n'avoue qu'un nom de théâtre laissant attendre un passé riche en aventures. Des Frans est enveloppé du mystère de l'absence et déjà engagé pour assister à une cérémonie dont il ne veut rien dire; il se déclare ensuite surpris d'apprendre que Dupuis a approfondi un mystère qu'il croyait «ignoré de toute la terre»[21]. Le lecteur du *Roman comique* n'a que des indices sur le différend qui oppose Le Destin à Saldagne, et il lui faut attendre le chapitre XV pour savoir comment les deux hommes sont devenus rivaux. Il en est de même pour la naissance et le passé du Destin et de Léonore-l'Etoile dont l'apparition est retardée. Comme l'action du *Roman comique* se dénoue dans les derniers chapitres, de même celle des *Illustres Françaises*, ne peut se résoudre que dans la septième histoire lorsque Dupuis conte l'aventure de Gallouin.

Si la présence de Scarron s'impose à Challe, c'est également par des situations et par des personnages communs aux deux romans. On a souvent souligné combien le thème des deux frères rivaux structure l'ouvrage de Scarron (on pense à Verville et Saint-Far, comme à don Sanche et don Juan dans la nouvelle «Les deux frères rivaux» racontée par Inézilla[22]); or Challe fait de cette situation un élément essentiel de la jeunesse de Dupuis. Scarron se plaît à contrarier les pro-

---

[19] *Robert Challe romancier*, Droz, 1991, p. 10.
[20] *RC*, I, ch.VII, p. 54.
[21] *I. F.*, p. 16.
[22] *RC*, II, ch. XIX.

jets de ses jeunes héros par l'avarice ou la pauvreté d'un père tel que Garigues qui se conduit si mal envers Le Destin; Challe reprendra cette situation en l'étendant aux mères comme celle de Mlle de L'Epine. La naissance de Léonore ou d'Angélique n'est pas plus claire que celle de Silvie sur laquelle des Frans enquête tant. *Le Roman comique* mentionne plusieurs mariages qui se célèbrent la nuit dans la discrétion, tel celui qui conclut «L'Amante invisible»:

> Ils furent mariés la même nuit par le curé de la paroisse, qui était un bon prêtre et grand prédicateur; et, cela étant, il ne faut pas demander s'il fit une belle exhortation. On dit qu'ils se levèrent bien tard le lendemain; ce que je n'ai pas grand peine à croire[23].

C'est sur ce canevas que Challe brodera pour traiter le mariage de Des Prez et de Mlle de L'Epine: des Prez s'attend à voir un prêtre amateur de vin et bon orateur; or l'ecclésiastique ne boit que de l'eau rougie et se jette, à la première entrevue, «dans un sermon d'autant plus ennuyeux qu'il n'est pas bon prédicateur»[24]. Dans les romans du XVIIe siècle, la conduite des femmes est souvent considérée par comparaison entre les usages de l'Espagne et ceux de la France; comme l'a montré J. Popin[25], Challe s'inspire d'un passage des «Deux frères rivaux» où Inézilla déclare:

> Mais que les ignorantes sachent que chaque pays a ses coutumes particulières et que, si, en France, les femmes et même les filles qui vont partout sur leur bonne foi, s'offensent, ou du moins le doivent faire, de la moindre déclaration d'amour, qu'en Espagne, où elles sont resserrées comme des religieuses, on ne les offense point de leur dire qu'on les aime quand celui qui le leur dirait n'aurait pas de quoi se faire aimer. Elles font bien davantage: ce sont toujours presque les dames qui font les premières avances et qui sont les premières prises parce qu'elles sont les dernières à être vues des galants qu'elles voient tous les jours dans les églises, dans le cours et de leurs balcons et jalousies[26].

---

[23] *RC*, I, ch. IX, p. 76-77.
[24] *I. F.*, p. 247.
[25] *Poétique des* Illustres Françaises, Editions InterUniversitaires, 1992, t. I, p. 88-89.
[26] *RC*, II, ch. XIX, p. 314.

Le vieux Dupuis déclare de son côté à Des Ronais:

> Je ne suis ni espagnol, ni portugais, ni italien, ni turc; je ne me
> fie point de la continence d'une fille sur des grilles ni sur des
> verrous[27].

Au reste, il est à remarquer que le vieux Dupuis, présenté comme
«malin» et «goguenard», a mené une existence qui, par plusieurs
aspects (mariage secret, débauche) rencontre celle des personnages de
Scarron. Sa conversation fait rire des Ronais; il aime à se divertir
comme le montre l'épisode des Du Pont, qualifié de «fourbe»[28], durant lequel le père «se donne une comédie» aux dépens des jeunes
amoureux.

Cependant l'Histoire de des Frans concentre un plus grand nombre
d'emprunts au *Roman comique*. Comme Le Destin, des Frans sé-
journe à Rome dans la suite du cardinal de Retz. Le Destin y accom-
pagnait Verville et Saint-Far qui étaient dans la suite d'un parent qui
faisait des troupes pour les Vénitiens. Comme le Destin, l'amant de
Silvie est attaqué par des voleurs qui lui dérobent le portrait de la
femme aimée[29]; dans les deux histoires ce vol tient une place importante, et donne lieu à un rebondissement ou à un éclaircissement tardif. Mais c'est surtout dans l'épisode initial de l'élu que la destinée
de des Frans ressemble à celle d'un personnage du *Roman comique*.
Le héros de Challe est confronté à l'univers de la province lorsqu'il
obtient une commission «à quatre-vingts lieues de Paris» dans les
Aides. Il lui faut découvrir les «friponneries» de son commis. L'élu
avec lequel il a une algarade, et auquel il pense donner «quelque ca-
resse de chat»[30], faisait «sous des noms empruntés» «trafic du vin», et
«se piquait de politique, comme un nouvelliste de province». La mé-
saventure de l'élu provoque le rire à gorge déployée des amis de des
Frans, puis de l'intendant qui s'amuse du sobriquet. La mention de
Rabelais que fait Challe n'exclut pas l'influence de Scarron qui
contait les friponneries de La Rappinière, «rieur de la ville du Mans»,
décrivait un tripot où «l'on épargne fort peu le prochain» et où «les
absents sont assassinés à coup de langue»[31], et peignait un lieutenant
de prévôt qui «avait de la mauvaise gloire autant que barbier de la

---

[27]   *I. F.*, p. 56.
[28]   *I. F.*, p. 46-47.
[29]   *I. F.*, p. 381; *RC*, p. 156 et 291.
[30]   *I. F.*, p. 304.
[31]   *RC*, p. 42.

ville». De même le personnage de Rouvière semble en partie venu du *Roman comique*: ce gentilhomme est pauvre; il est surtout manceau (son nom l'indique comme ceux de La Rappinière et de La Garouffière); il se plaît à boire et à jouer, il «déchire» Silvie avec délectation en recourant à de nombreux proverbes. Alors que Scarron avait prévu de faire périr La Rappinière par pendaison, Rouvière est menacé de la même peine, et l'on apprend qu'il est mort en prison après avoir subi huit interrogatoires. Des Ronais laisse une pierre d'attente, tout en commentant l'intérêt d'une destinée qui, comme dans *Le Roman comique*, pourrait bien faire la matière d'un récit enchâssé:

> Sa vie n'a été qu'une suite de traverses et de méchantes actions, toutes funestes pour lui; mais toutes risibles, pour des gens qui n'y prennent point d'autre part que celle que d'honnêtes gens peuvent prendre à la vie d'un scélérat. Nous pourrons en rire un de ces jours[32].

Comme Scarron aimait à le faire, Challe trouve en ce personnage l'occasion de mêler le registre du tragique et du romanesque à celui du burlesque qui joue si bien de la saveur de la langue.

Cette fusion des registres, présente dans toutes les nouvelles des *Illustres Françaises*, s'observe plus particulièrement dans la dernière histoire, celle de Dupuis et de Mme de Londé, dont le narrateur souligne lui-même les tensions; d'abord traitée sur le ton comique, la vie de Dupuis hésite, ainsi que son amour:

> Il n'a néanmoins pensé aboutir qu'à une tragédie dont j'aurais été le héros, et suivant toutes les apparences il finira par un mariage comme les comédies[33].

D'emblée Dupuis place son récit sous le signe du «risible»[34]. La tradition des histoires comiques est confirmée par la référence explicite au *Francion* de Sorel, et il serait aisé de voir l'influence de Sorel sur le récit de l'enfance et sur des scènes comme celle de la dispute avec le page ou celle du procès de l'oublieux en présence des filles. Mais il apparaît que Dupuis, le personnage le plus autobiographique des *Illustres Françaises*, rassemble aussi des traits qui appartiennent au Destin et à Ragotin, les deux héros du *Roman comique* par les-

---

[32] *I. F.*, p. 374.
[33] *I. F.*, p. 536.
[34] *I. F.*, p. 439.

quels Scarron a donné une double image de lui-même[35]. Comme les plus romanesques héros de Scarron, Dupuis est en conflit avec son frère. Le Destin rencontre Léonore alors qu'elle est voilée (cette scène est annoncée par celle de «l'Amante invisible», et reprise ensuite par une scène nocturne avec Mlle de Léri). De même Dupuis retrouve Mme de Londé alors qu'elle est masquée pour surprendre son mari. Comme Le Destin, Dupuis sait manier l'épée: il se bat très tôt contre son frère en un duel, domestique, mais féroce: «notre sang et la colère nous rendaient affreux, et ne nous permettaient pas d'examiner ni nos paroles, ni nos actions»[36]. En véritable héros, Dupuis veut se donner la mort en présence de sa maîtresse:

> J'appuyai le pommeau de mon épée contre la muraille, et la pointe contre mon côté, et me jetai dessus à corps perdu, comme on peint Ajax[37].

Mais la comparaison, qui fait partie des procédés du burlesque – Scarron en utilise plusieurs de ce type pour peindre ses combats d'auberge[38]–, désacralise la scène et rappelle ce que fut le passé de Dupuis. Alors se profile l'ombre de Ragotin, l'homme des disgrâces, dont le corps est exposé aux coups, un personnage pour lequel Scarron éprouve de la tendresse parce qu'il est une partie de son moi (il faut alors penser à Jodelet s'interrogeant sur son identité dans le *Journal*). Deux épisodes carnavalesques illustrent particulièrement cette influence, ce qui ne surprend pas puisque la légende voulait que Scarron, un soir de carnaval 1638, ait été poursuivi par le guet alors qu'il s'était enduit de miel et de duvet. Avec les mêmes intentions provocantes, Dupuis se déguise en diable «tout garni de sa queue et de ses griffes»[39]. Après avoir passablement bu, comme Ragotin, il s'endort dans la boutique d'un savetier. A son réveil il rencontre un enterrement:

---

[35] Voir sur ce point les analyses de J. Serroy, *Roman et réalité. Les histoires comiques au XVIIe siècle*, Minard, 1981, p. 483-485.

[36] *I. F.*, p. 477.

[37] *I. F.*, p. 583.

[38] Voir par exemple «Je ne crois pas que défunt Phaéton, de malheureuse mémoire, ait été plus empêché après les quatre chevaux fougueux de son père que le fut alors notre petit avocat sur un cheval doux comme un âne», *RC*, p. 163.

[39] *I. F.*, p. 452.

> Les prêtres firent volte-face, et comme j'allais justement du côté du corps, ceux qui le portaient le laissèrent tomber, et se mirent à fuir. Je ne pus m'empêcher de rire de leur peur; je continuai ma course jusque dans un cabaret où je me jetai[40].

Dans cette aventure quelque peu sacrilège, où le corps d'un mort sort de sa bière, Challe combine la scène de l'auberge qu'il cite dans le *Journal*, et celle où Ragotin, alors nu et le corps meurtri, rencontre la vieille abbesse d'Estival en compagnie de quelques religieuses et du père Giflot, directeur discret de l'abbaye[41]; le directeur songe d'abord à exorciser Ragotin «tant il trouvait sa figure diabolique». La fuite de Ragotin est, il est vrai, beaucoup plus difficile, puisque le petit homme est livré aux attaques d'un mâtin puis d'un essaim d'abeilles. Dupuis, dont le corps est fréquemment meurtri (un coup de chambrière fait rire le page), dont le visage est égratigné par Célénie («Il est certain qu'il semblait que tous les chats de Paris eussent essayé leurs griffes sur mon visage»[42]; on pense au coup de busc reçu par Ragotin lorsqu'il se laisse aller à son instinct de patineur), subit une véritable disgrâce lors de la scène du Pont-Neuf. Non sans provocation, il se baigne nu dans la Seine en compagnie d'autres jeunes gens:

> Il y avait quantité de monde qui nous regardait nous donner la passade; entre autres un coquin de soldat qui était sur le rebord du pont où la canaille fait ses ordures, et avec le pied, il nous en jetait. Je levai le nez pour lui dire de cesser, et il m'en tomba justement sur le visage.
> Vous en riez; et qui n'en rirait? Les regardants en rirent aussi. Je n'en ris pas, moi, je plongeai pour me nettoyer; et coupant entre les bateaux, je vins prendre terre au-dessous entre les degrés. Je les montai nu, et à la merci des coups de fouet des charretiers qui ne me les épargnèrent pas, je passai sur le Pont-Neuf, et tombai côte à côte sur mon coquin de soldat qui croyait en être quitte. Je le pris par les cheveux, je lui donnai trois ou quatre coups de poing sur le nez, et le jetai du haut du pont dans la rivière, où je me jetai après lui[43].

---

[40] *I. F.*, p. 453.
[41] *RC*, II, ch. XVI, p. 299.
[42] *I. F.,* p. 488.
[43] *I. F.*, p. 471-472. On notera que les aventures du Destin passent par le Pont-Neuf où le portrait lui est dérobé (*RC*, p. 156).

56   FRANÇOISE GEVREY

Dans ce combat burlesque, Challe a mis, comme F. Deloffre l'a
montré, des souvenirs personnels qu'on trouve dans le *Journal;* mais,
on l'a vu, il peint aussi les scènes vraies avec les mots ou les personnages de Scarron. Dans ce Dupuis enragé des railleries et des marques qu'il porte sur le corps, apparaît le souvenir du Ragotin au nez
«écorché», tout comme celui du Destin aux prises avec une servante
qu'il fesse ou avec la canaille rassemblée sur le port d'Orléans[44].
Cette canaille se montre insolente en se jouant des paquets du jeune
homme, ce qui provoque sa honte alors qu'il traverse la ville dans un
triomphe burlesque: «sept ou huit de ces coquins se jetaient l'un à
l'autre [nos hardes] durant le chemin, comme on joue au pot cassé»
(la scène sera reprise par Pigault-Lebrun dans *L'Enfant du carnaval*[45]). Dupuis aime les aventures bouffonnes et bachiques à l'image
de celle qui se déroule chez la Cadret, tout comme Mme de Londé se
plaît à rire lors d'un sabbat que la fête des Rois autorise:

> [...] étant monté dans son appartement où j'entendais un bruit
> du diable, je la trouvai toute seule à une petite table, et tous les
> gens du logis qui faisaient les Rois devant elle; c'était son co-
> cher qui était le Roi, qu'elle avait fait boire à n'en pouvoir
> plus, et qui faisait des contes dont elle riait jusques aux lar-
> mes[46].

Dans l'histoire souvent «risible» de Dupuis, on compte des morts
aussi nombreux que ceux du *Roman comique;* celui dont le cercueil
s'est rompu, mais aussi, pour finir, Gallouin, et M. de Londé qui dis-
paraît si opportunément. Même si la colère de Dupuis prend un ton
autrement fier que celle de Ragotin, le héros de Challe reste conscient
de l'ambivalence de sa destinée, et il n'est pas si différent de ce petit
avocat dont Scarron pense que «le désespoir eût bientôt fait un beau
grand sujet d'histoire tragique»[47]. De même que Ragotin tend à mo-
nopoliser la parole, celle de la galanterie, celle du conteur, une parole
d'autant plus remise en question que son corps est humilié, de même
Dupuis se flatte de tenir tous les discours, celui de la dévotion, celui
de la galanterie et celui du libertinage, pour mieux les parodier en-

[44] *RC*, p. 79, 91 et 152.
[45] Ch. XIX, «Aventures de nuit et de jour».
[46] *I. F.*, p. 577.
[47] *RC*, p. 144. Sur Ragotin voir Nevena Dikranian, «Ragotin ou le personnage
burlesque dans *Le Roman comique*», *Burlesque et formes parodiques*, Biblio 17,
1987, p. 203-211.

suite. Ragotin est toujours présent là où on ne l'attend pas, ce qui le met au contact de tous les personnages et de toutes les situations, tel un démiurge qui incarne plaisamment le romancier au corps déformé par le mal. Dupuis, pour sa part, est au carrefour de toutes les histoires dont il dévoile le secret avec assurance. Ainsi peut-on expliquer que Ragotin prenne de plus en plus d'importance dans la seconde partie du *Roman comique*, tout comme Dupuis dans la narration des *Illustres Françaises* et dans le développement de son histoire, la dernière, la plus longue et la plus chargée d'intentions parodiques. Mais alors que Scarron préférait donner une image double du mouvement, de la vie, et de lui-même, et procédait par contrepoint, Challe choisit de ramasser, dans une destinée unique qui prend la forme du romanliste, ses divers regards sur lui-même et sur les sentiments.

Se pose alors la question de la clôture, si parfaite et si conventionnelle dans *Les Illustres Françaises* avec l'annonce de trois mariages, alors que Scarron réserve ce dénouement aux nouvelles enchâssées comme «Les deux frères rivaux»:

> Les trois mariages se firent en un même jour; tout y alla bien de part et d'autre et même longtemps, ce qui est à considérer[48].

La suite d'Offray(1663) s'efforce de dénouer l'intrigue en choisissant de mettre l'accent sur Ragotin, qui finit noyé tandis que la vie continue pour les comédiens, mais Scarron se serait-il accommodé d'une clôture qui ne laissait plus des personnages en attente, prêts à resurgir et à traverser les aventures avec insolence?

Ainsi la fascination qu'exerçaient Jodelet, La Rancune et Ragotin sur l'écrivain du Roi embarqué pour les Indes ne relève pas seulement de la mémoire des vers bien balancés et des facéties bouffonnes. De sa familiarité avec Scarron, Challe reçoit le plaisir de styliser les scènes les plus triviales, de camper des portraits savoureux en quelques formules, et d'adapter le goût de Rabelais aux exigences de son temps. Il apprend surtout à élaborer son esthétique qui allie un romanesque traditionnel à des faits vrais, qui s'accorde la liberté d'associer des pièces diverses sans ordre apparent[49] et qui tisse les

---

[48] *RC*, p. 333.
[49] «C'est que j'ai suivi, pour la liaison de mes histoires, la première idée qui m'est venue dans l'esprit, sans m'appliquer à inventer une économie de roman» (*I. F.*, p. 6). Sur l'élaboration de cette esthétique, voir J. Morel, «La composition du *Roman comique*», *L'Information littéraire*, nov. déc. 1970, p. 212-217.

éléments les plus disparates en une étoffe solide. Mais c'est la déri-
sion que Scarron a enseignée à Challe (Sorel définissait l'art de
l'auteur du *Roman comique* comme celui de «faire raillerie de tout,
même dans les narrations où il parle de lui-même»[50]). Ainsi
s'expliquent la tendresse de Challe pour Ragotin, et l'étrange ressemblance qui unit le petit avocat au jeune Dupuis: l'un et l'autre sont
des doubles de l'écrivain, chargés d'exorciser ses angoisses tout en se
défiant des mots si souvent trompeurs.

Françoise Gevrey

---

[50]   *Bibliothèque française* (1664), p. 178.

LE PITTORESQUE RELIGIEUX CHEZ CHALLE

«Je crois qu'il serait à propos de mettre à la tête de l'ouvrage une estampe représentant le Pape traîné dans ce chariot mystérieux d'Ezéchiel, et le trône des Césars dans l'enfoncement, car en effet les Papes sont véritablement souverains de la ville impériale, il faudrait orner cette estampe de représentations d'empereurs enchaînés, d'enseignes romaines traînantes le fer en bas et abattues par les ex-communications représentées par des fusées. C'est une idée qui ne fait que de me venir en vous écrivant. Je vous la soumets» [1].

C'est ainsi que le correspondant anonyme du *Journal littéraire* conclut sa lettre du 13 mars 1716, de Paris. C'est la septième lettre de Challe aux journalistes, septième d'une correspondance commencée le 30 décembre 1713. C'est la sixième où il parle de «l'ouvrage le plus travaillé qui soit jamais sorti de sa plume»[2]. «Une pièce qui [lui] a coûté près de deux ans de travail»[3]. Au moment d'achever la lettre dans laquelle, une fois de plus, et pour la cinquième fois consécutive, il confie avec insistance ses *Tablettes chronologiques*, ouvrage qu'il voudrait bien «voir imprimé et donné au public», l'auteur imagine et décrit précisément l'«estampe» à mettre en tête de l'édition.

Ce qui frappe d'abord dans ces quelques lignes c'est l'art de la description mis, dans ce tableau, au service de la composition; pers-pective, trône des Césars dans l'enfoncement; place et mouvement des figures, le pape dominant le cortège des vaincus et leurs ensei-gnes renversées; effets de foule, les empereurs enchaînés. L'intérêt du lecteur est attisé par la présence, au centre du tableau, du «chariot d'Ezéchiel». Cette référence à l'Ancien Testament est doublement intéressante parce qu'elle est à la fois référence au texte biblique et référence à ses nombreuses et célèbres représentations picturales. Enfin la signification polémique de l'image est explicite «car en effet

---

[1]   Voir *Mémoires*, p. 513.
[2]   *Ibid.*, p. 469, lettre du 22-1-1714.
[3]   *Ibid.*, p. 476.

les papes sont véritablement souverains de la ville impériale».
L'intention critique est claire. Ce qui est visé ici, c'est un pouvoir
temporel usurpé qui se serait imposé par la force.

Sans le support visuel de l'estampe, puisqu'elle n'existe pas,
Challe fait ici preuve d'un talent exceptionnel pour évoquer une pensée complexe. Faut-il le croire lorsqu'il dit «c'est une idée qui ne fait
que de me venir en vous écrivant»? Il est trop tôt pour répondre à la
question. Quoi qu'il en soit, l'exercice, improvisé ou prémédité, est
surprenant. S'il s'agissait de la description d'une œuvre picturale
réelle, on en admirerait la vigueur. Sachant qu'il s'agit du simple fruit
de l'imagination littéraire de l'auteur, on s'étonne encore plus de son
exubérance, de sa précision, de son pouvoir de suggestion, bref de
son pittoresque. Or ce pittoresque est ici appliqué à une matière par
excellence abstraite, la religion, et même précisément la critique religieuse.

Ce frontispice imaginaire est précieux pour nous. Il attire d'autant
plus l'attention qu'il est tout ce qui nous reste pour l'instant des *Tablettes chronologiques* disparues. Challe choisit d'illustrer son livre
au titre impartial «tablettes chronologiques» et à la démarche apparemment historique «raccourci de ce qui s'est passé depuis la naissance de Jésus-Christ jusques à l'année 1702»[4] par une image qui
n'est pas neutre. A elle seule en effet cette illustration fictive est
chargée de thèmes critiques potentiels: obscurité de la Bible, pouvoir
temporel des papes, arbitraire des excommunications. La présentation
que Challe faisait de l'ouvrage pour ses correspondants du *Journal
littéraire* dans sa lettre du 22 janvier 1714, c'est-à-dire deux ans
avant de leur proposer le frontispice, confirme par anticipation les
suggestions de l'image: «Je fais voir pourquoi et comment les papes
de simples évêques, vassaux, domestiques et dépendants des empereurs sont devenus effectivement empereurs eux-mêmes et sont encore actuellement assis sur le trône des Césars aussi bien que sur la
chaise de Saint Pierre. [...] J'y fais voir ce que c'est que
l'excommunication; en un mot je développe toute la cour de Rome et
ses maximes»[5]. Challe résume donc un ouvrage qui porte sur seize
siècles d'histoire et qu'il a mis deux ans à écrire en une page, et il en
consacre la moitié à la partie qui inspirera deux ans plus tard sa vision du frontispice.

4   *Ibid., ibid.*
5   *Ibid.*, p. 477.

Ce remarquable cheminement de la création littéraire à l'imagination visuelle donne envie de confronter l'art de Challe dans le frontispice potentiel d'une œuvre disparue avec ses œuvres qui, elles, nous sont parvenues. S'il y a du pittoresque religieux dans le *Journal d'un voyage fait aux Indes orientales* et dans les *Difficultés sur la religion proposées au Père Malebranche,* est-il ornemental ou fondamental? Contribue-t-il à la signification profonde des textes? Pour répondre à cette question qui touche à l'unité d'une œuvre encore énigmatique, j'examinerai successivement les trois aspects qui ressortent de l'analyse du projet de frontispice des *Tablettes chronologiques:* l'art de la description, le jeu des références, l'intention critique.

Il n'y a certes rien d'étonnant à ce que dans une narration de voyage il y ait du pittoresque en général et du pittoresque religieux en particulier. Le voyageur découvre et fait découvrir des usages étranges, tant dans les cérémonies païennes que dans les cérémonies catholiques telles qu'elles se pratiquent dans les pays visités. La description est le moyen par lequel il fait partager à son lecteur ses découvertes et l'exhorte à imaginer ce qu'il ne voit pas. Fidèle à la règle du témoignage oculaire, Challe insiste sur les circonstances de sa présence, ses réactions personnelles, son regard surtout, répétant inlassablement le verbe «voir», jusque dans la même phrase. Rapportant «le brûlement d'un Noir» qu'il a «vu» à Pondichéry, il détaille aussitôt: «je vis dans une cabane un corps couché sur le dos tout de son long, sur une natte assez fine, couvert, à l'exception du visage, d'une toile de coton fort fine et fort blanche; il me parut âgé de quelque cinquante-cinq ans»[6]. Lors de la messe des Rameaux à La Vinate dans l'île de Saint-Yago, l'église lui «a paru fort pauvre», et «les palmes que tous ces gens portaient dans leurs mains à la procession [lui] firent souvenir de l'entrée triomphante de Jésus-Christ dans Jérusalem»[7]. Parlant des idolâtres prosternés devant un squelette de tête de bœuf ou de vache à Moali, il atteste: «ils étaient plus de deux cents ensemble lorsque je vis cette cérémonie»[8].

Mais plus que d'un devoir, ce témoignage relève d'une «curiosité» personnelle que Challe invoque souvent. Notamment, à propos du lascaris qui assure la subsistance de la vermine et «se fait lui-même

---

[6]   *JV21*, t. II, p. 130.
[7]   *JV21*, t. I, p. 134.
[8]   *JV21*, t. I, p. 248.

un point de religion et de dévotion de s'en laisser dévorer», il avoue: «la curiosité m'a poussé à en aller voir un qui avait été dans ce gouffre il y avait seize jours. Je sortis bien vite de sa cabane: je ne crois pas que le diable d'enfer soit plus hideux»[9]. Lorsqu'il arrive malgré tout que Challe ne puisse voir lui-même un lieu de culte ou une cérémonie et qu'il devienne témoin quasi oculaire, il transcrit avec des précautions particulières ce qu'un autre a vu. Arrivant à Pondichéry le samedi 12 août 1690, il proclame «j'irai voir les pagodes et j'obéirai à ma curiosité»[10]. Quatorze pages plus loin il se met en devoir de parler des pagodes et dit « J'avais envie d'en voir une. Je me mis pour cela en chemin avec trois autres Français»[11]. Je résume. On les empêche d'y aller sous prétexte qu'en bons chrétiens ils n'auraient pas accepté de se «mettre pieds nus». Challe commente «pour moi ne me piquant pas d'une dévotion scrupuleuse ni superstitieuse, j'aurais, pour satisfaire ma curiosité, ôté non seulement mes souliers, mais mes habits et ma chemise aussi.» La description qu'il fait, la «tenant de bonne main», est si précise, vivante, détaillée, en un mot pittoresque, qu'on oublierait qu'il n'a pas lui-même pénétré dans une pagode s'il ne concluait «c'est devant cette idole que les gentils et les idolâtres se prosternent et c'est cette figure que je voudrais bien avoir vue»[12]. Le procédé est habile, la franchise naïve de celui qui n'a pas vu mais voulait voir sert de caution à celui qui a vu mais dont la présence est gommée.

Ailleurs au contraire Challe nomme sa source. Parlant de la femme brahmane qui «à moins que de vouloir perdre sa réputation est obligée de se brûler dans le même feu qui consume le cadavre» [de son mari], il introduit ainsi son récit: «Je n'ai point vu celui-là; mais m'ayant été rassuré par plusieurs Français dignes de foi, qui l'ont vu, je ne fais nulle difficulté de le donner pour vrai. Voici la manière dont cela se pratique». Il renchérit quelques lignes plus loin: «Je vais rapporter mot pour mot la relation qui m'en a été faite par deux officiers français qui en ont été spectateurs»[13]. Le récit qui suit est au style direct, à la première personne du pluriel et le verbe voir revient encore un peu plus loin.

---

[9] *JV21*, t. II, p. 28.
[10] *JV21*, t. II, p. 7.
[11] *JV21*, t. II, p. 21.
[12] *JV21*, t. II, p. 22.
[13] *JV21*, t. II, p. 15-16.

F. Deloffre a déjà noté chez l'auteur du *Journal de voyage* «l'acuité de son regard de reporter» et «la précision ethnologique»[14] qui le caractérise. La curiosité, le besoin de voir, le plaisir pris à décrire les objets, les monuments, les cérémonies, sont-ils liés au genre documentaire ou sont-ils caractéristiques de l'art de Challe? Un exemple attire l'attention, les funérailles de M. Hurtain, le 24 avril 1690[15]. Ici, aucun exotisme, aucun devoir documentaire ne justifient un récit de quatre pages, deux fois plus long que celui du brûlement du brahmane et de sa veuve, aussi long que celui du brûlement du noir de Pondichéry. Le rapprochement de ces trois récits est saisissant. Le même souci du décor occupe Challe pour l'appareil funèbre de M. Hurtain: «l'épée et le fourreau attachés ensemble en sautoir sur la bière qui était couverte de deux nappes traînantes»[16] que pour le bûcher du brahmane «foyer ou amas de bois dressé en lit, élevé environ de deux pieds de terre et d'un pied de profondeur»[17] et que pour la «niche» du noir de Pondichéry: «elle est couverte, en dehors, et revêtue en dedans de fort belle toile de coton de pagnes de toutes couleurs et de rameaux verts et finit en dôme ou en arcade»[18]. Le commentaire de Challe sur cette niche: «la vue n'en est point désagréable» signifie bien que la cérémonie est un spectacle dont la mise en scène mérite d'être détaillée: «chacun se mit à son rang et on marcha. Premièrement deux hommes portant des clairons[...] après ces deux-ci en vinrent six autres[...]. Les parents suivirent et ensuite vint le corps porté comme j'ai dit par huit hommes et suivi d'un vieillard qui préside la cérémonie et après le vieillard, un brahmène, une troupe de femmes et d'enfants qui marchent sans garder l'ordre»[19]. On pourrait croire que ce spectacle intéresse Challe parce qu'il est nouveau, étranger à son pays et à sa religion, mais alors pourquoi prendrait-il le soin de ne rien omettre de la cérémonie funèbre sur l'Ecueil ? «J'oubliais de dire que notre aumônier conduisait le deuil, que MM Charmot et Guisain le suivaient, que le corps marchait après; que dom Louis Querduff qui officiait suivait le corps et était suivi par tout l'équipage, chacun selon son rang, réglé par le capitaine des matelots, et les soldats en haie»[20].

---

[14] Frédéric Deloffre, *Robert Challe, Un Destin, une œuvre*, SEDES, 1992, p. 47.
[15] *JV21*, t. I, p. 177-180.
[16] *JV21*, t. I, p. 177.
[17] *JV21*, t. II, p. 16.
[18] *JV21*, t. II, p. 131.
[19] *JV21*, t. II, p. 132.
[20] *JV21*, t. I, p. 177.

Beaucoup d'autres détails pourraient être rapprochés et nous y reviendrons mais dès maintenant le parallélisme de ces deux convois met en évidence la fascination de Challe pour la pompe, son talent pour rendre le mouvement et son goût pour les grandes compositions, trois qualités qui sont manifestes dans l'estampe que Challe imaginait pour orner les *Tablettes chronologiques.*

La constante aptitude de Challe à représenter un tableau avec des mots est déjà par elle-même remarquable mais la peinture n'apparaît pas dans son œuvre que métaphoriquement. Une connaissance affirmée des arts plastiques marque ses écrits et se manifeste par un jeu de références très caractéristique de sa manière et intéressant à repérer. C'est ce que nous allons voir maintenant. Il s'agit parfois d'une allusion rapide à l'œuvre d'art, profane ou religieuse. Challe assiste à la messe à La Vinate et c'est, dit-il, un «plaisant spectacle. Figurez-vous un prêtre et deux paysans qui lui servaient d'acolytes, tous trois noirs comme beaux diables, aussi bien que le porte-croix; tous quatre revêtus d'aubes blanches comme neige. Il me semblait voir quatre figures pareilles à celle du More du Marché neuf à qui on aurait mis des chemises blanches»[21]. Challe a-t-il réellement pensé au jaquemart de la Cité au moment où il voyait la scène qu'il décrit? En tout cas au moment de la narrer, il recourt à la sculpture populaire, référence commune à lui-même et à son lecteur, pour révéler l'incongruité du spectacle[22]. Le même procédé allusif fonctionne dans la description de l'idole de Villenove: «Elle a deux bras et deux mains, la tête d'un éléphant et sur la poitrine une figure de diable en relief, pareille à celles que les peintres et les sculpteurs représentent, pour faire peur aux femmes et aux petits enfants»[23]. Le lecteur est renvoyé non pas à une œuvre ni à un artiste particulier, ni même à un art mais à deux: peinture et sculpture. Cette imprécision elle-même est significative du poids de la tradition dans les choix de l'artiste.

Lorsque l'auteur des *Difficultés* cherche à définir les différents degrés de croyance métaphysique, il emprunte sa parabole à la peinture: «On me dit qu'on vient de voir chez un curieux un tableau

---

[21]   *JV21*, t. I, p. 134.
[22]   F. Deloffre décrit le cachet de Challe représentant un jaquemart «homme courbé frappant avec un maillet», *Mémoires*, p. 465, n.17. Mais on ne sait s'il s'agit du more du marché neuf.
[23]   *JV21*, t. II, p. 22.

d'Apelle; je n'en crois rien. Un autre dit qu'il est de Raphaël et qu'il a coûté cent mille francs, je reste en quelque façon en suspens, parce qu'il est plus aisé que celui qui me parle mente ou se trompe qu'il n'est aisé que cela soit»[24]. Le procédé est remarquable par ce qu'il prouve que Challe a une connaissance familière de la peinture et suppose la même compétence chez son lecteur. Dans le quatrième cahier, il fourbit ses arguments contre les atomistes et il se sert du même art: «Un peintre qui copie bien des marbres est un barbouilleur en comparaison de celui qui copie bien la figure humaine avec tous les caractères de la passion»[25].

C'est en connaisseur et en connaisseur de Rome[26], qu'il évoque les décors des églises qu'il visite: «le tableau de la paroisse de La Vinate représente une Assomption: il est assez bon»[27] [...]. «L'église cathédrale [...] est assez belle, le chœur est séparé de la nef par une balustrade élevée de trois degrés. Le tableau du maître-autel représente une Assomption, comme celui de la Vinate, mais incomparablement plus beau et mieux fini. C'est un ouvrage d'Italie, dont je crois avoir vu l'original à Rome à Sainte-Marie de la Minerve. Je ne sais de qui est le tableau qui est ici non plus que trois autres qui représentent une Madeleine, un saint Jacques et un saint François qui me paraissent des morceaux achevés»[28].

On a vu l'importance que Challe attache au témoignage direct, à la chose vue. Il est donc intéressant de noter que lorsqu'il manque explicitement à cette règle c'est en faveur de l'art. Voulant décrire les habillements des banians, il commence par une sorte de prétérition curieuse: «je ne puis mieux les peindre qu'ils le sont dans les tableaux qui sont à Notre-Dame et ailleurs, et dans les tapisseries où les apôtres sont représentés»[29]. Il renvoie donc son lecteur à une culture commune qui a une double caractéristique, picturale et religieuse. Ce qui ne l'empêche pas de donner une description très détaillée «Deux grandes simarres l'une sur l'autre, qui leur tombent depuis le col jusqu'aux pieds et qui relèvent la hauteur de leur corps, font leur habillement. Un turban fort gros et fort beau, de mousseline très fine et très blanche, avec une barbe bien longue, mais bien coupée et bien

[24] *Difficultés*, p. 96.
[25] *Difficultés*, p. 273.
[26] F. Deloffre situe le voyage à Rome de Challe entre 1684 et 1687, voir Vie de Robert Challe, dans *JV 21*, p. 21 et *Difficultés*, p. 45.
[27] *JV 21*, t. I, p. 133.
[28] *JV 21*, t. I, p. 133 et 138.
[29] *JV21*, t. II, p. 129-130.

parfumée, font l'ornement de leur tête. Un sabre large et court, dont le fourreau est couvert de plaques d'or, et la poignée enrichie de diamants, pare leur côté, où il est soutenu par une grosse chaîne d'or à deux endroits, à peu près comme les housards. Leurs souliers sont plats, pleins de courroies au talon et sur le coup du pied, et sur le devant un bouton d'or qui passe entre le gros et le second doigt les tient ferme». Devant une telle profusion de détails hauts en couleurs le lecteur pourrait se laisser aller à parler de réalisme si l'auteur ne le mettait aussitôt en garde contre un jugement précipité: «Tout cela est encore représenté dans les tapisseries». Voilà donc une peinture de banian en costume enchâssée entre deux allusions à des représentations picturales. Le lecteur ne saura jamais s'il a affaire à un vrai banian pris sur le vif en Inde ou à une réminiscence de tableau vu à Notre-Dame de Paris mais au moins il aura appris qu'il est difficile de distinguer sous la plume de Challe ce qui est témoignage naturel et témoignage culturel.

Il arrive que la peinture d'inspiration religieuse apparaisse là où on l'attend le moins. On se souvient de la cérémonie du brûlement du noir où Challe, témoin oculaire, accumule les détails d'un réalisme saisissant, le corps du mort étant «assis comme sont leurs idoles et nos tailleurs en France»[30]. Il se met en devoir d'expliquer: «Les membres de ces corps sont flexibles: les uns disent que la chaleur du climat en est cause, parce qu'elle empêche que ces corps se raidissent en froidissant: d'autres disent que c'est la vérole, dont ils sont bien farcis, qui les a pourris avant leur mort». Dans le cortège qui conduit ce cadavre assis en tailleur dans sa niche vers son bûcher, deux hommes portent des clairons. Non content de les décrire: «espèces de trompettes droites», de donner leur mesure: «longues de quatorze pieds», de suggérer leur musique, son intensité et son rythme: «dont ils firent un très grand bruit, non continuel, mais de temps en temps», l'auteur voudrait en préciser la matière: «J'ignore de quoi sont ces clairons: je sais seulement qu'ils sont fort légers et qu'ils ressemblent parfaitement aux trompettes que Michel Ange représente dans son Jugement et qu'il met en bouche des anges qui en sonnent le *Venite ad judicium*.». Nous reviendrons plus tard sur l'effet produit par cette intrusion de Michel Ange dans la cérémonie funèbre indienne. Ce qui nous importe ici c'est que le jugement dernier est un des motifs bibliques qui a le plus inspiré les peintres, comme «ce fameux chariot d'Ezéchiel» des *Tablettes chronologiques*. Pour la deuxième fois

---

[30]   *JV21*, t. II, p. 132.

donc nous saisissons Challe en train de faire une double référence, religieuse et picturale, et d'emprunter, dans un contexte religieux, son pittoresque littéraire à une représentation artistique. Le souvenir visuel est ici à l'origine du texte.

Comment ne pas penser alors à un autre motif biblique cher aux peintres et à une des plus belles pages des *Illustres Françaises*?[31]. «Elle était encore à mes pieds, mais dans un état à désarmer la cruauté même. Elle était toute en pleurs: le sein qu'elle avait découvert, et que je voyais par l'ouverture d'une simple robe de chambre; ses cheveux qu'elle avait détachés pour se coiffer de nuit, et qui n'étaient point rattachés tombaient tout du long de son corps et la couvraient toute; sa beauté naturelle que cet état humilié rendait plus touchante[...] ne me firent plus voir que l'objet de mon amour et l'idole de mon cœur[...]. Le puis-je dire sans impiété? Elle me parut une seconde Madeleine; j'en fus attendri». Peut-on imaginer scène plus romanesque et description plus pittoresque? Mais dans quel sens faut-il entendre «pittoresque»? La référence biblique et picturale est troublante. Le souvenir du tableau influe-t-il sur la narration, la narration s'ordonne-t-elle comme un tableau?

Dans les moments les plus intenses de la description Challe renvoie son lecteur à des œuvres d'art célèbres. Il n'agit pas seulement en peintre mais il s'inspire explicitement de l'œuvre des peintres. C'est en cela qu'on peut dire qu'il n'est pas seulement un observateur aigu mais qu'il a une prédilection pour le pittoresque au sens propre et que son intérêt pour les formes de la religion relève d'abord de ce goût du pittoresque.

La formule qui sert de titre au premier cahier des *Difficultés* «contenant ce qui m'a fait ouvrir les yeux»[32] prend alors tout son sens. Il ne s'agit pas seulement d'une expression figurée. Pour Challe «ouvrir les yeux» c'est bien littéralement commencer à perdre ses illusions. La parenté de pensée qui existe entre *Le Journal de voyage* et les *Difficultés*, quelle que soit l'évolution consciente de l'attitude de Challe face à la religion, tient à une particularité intellectuelle: la réflexion critique passe chez lui par la vue. Les première lignes de son traité déiste sont à cet égard remarquables «ç'a été bien pis quand j'ai vu de mes yeux le faste, l'orgueil, la débauche, la vanité, l'avarice, les intrigues et la politique de cette cour». Et quelques

---

[31] *I. F.*, p. 334-335.
[32] *Difficultés*, p. 45.

phrases plus loin surgit le motif central du frontispice des *Tablettes chronologiques* «à l'égard des anciens empereurs [...] on venait leur apporter une nouveauté qui mettait le trouble et la discorde partout, qui les tirait d'un état où ils se trouvaient fort bien. Dès qu'on a été les maîtres, on a renoncé aux beaux principes qu'on leur prêchait, et on a forcé les Romains à quitter cette religion sous laquelle ils avaient conquis et conservé l'empire de l'univers»[33]. Le rapprochement entre ce raisonnement critique et la vision pittoresque «trône des Césars dans l'enfoncement [...] empereurs enchaînés»[34] fait apparaître une caractéristique des œuvres de Challe qui se complètent et s'appellent l'une l'autre en particulier par le souvenir visuel.

On se souvient comment Challe conclut l'énumération de ce qui l'a «choqué» (le mot est de lui) dans la religion catholique: «enfin, ce qui a terriblement assailli ma prévention c'est quand j'ai vu de grands peuples plus sages que nous être également persuadés de mille extravagances dont nous nous moquons»[35]. Il nous donne ici lui-même l'interprétation critique des spectacles, des tableaux religieux que nous venons de le voir peindre avec tant de plaisir et de soin. A Moali plus de deux cents idolâtres se recueillent devant une tête de bœuf posée sur une coquille pleine d'eau où les rats et les souris se désaltèrent. Challe s'indigne du peu de respect dont les catholiques témoignent en comparaison pour «Dieu lui-même» qui repose dans le tabernacle[36]. Le convoi funèbre du nègre de Pondichéry lui fait penser au jugement dernier de la Chapelle Sixtine. Il «ne veu[t] pas dire» que la niche du brancard sur lequel on transporte le cadavre «ressemble parfaitement[...] aux reposoirs des saints de villages»[37], mais enfin il le dit! Il est possible qu'au moment de ses épisodes narrés dans le *Journal de voyage* Challe soit un catholique sincère. Mais toutes ces associations d'idées qui lui viennent lorsqu'il transcrit verbalement des spectacles qui le fascinent demeurent dans son esprit. Au moment de livrer ses «difficultés» au Père Malebranche, les images ont mûri sa réflexion et il s'exclame: «De bonne foi, qui est le plus ridicule? Est-il plus extravagant[...] d'attendre respectueusement toutes sortes

---

[33] *Difficultés*, p. 45. Comme beaucoup des rapprochements proposés ici entre les différentes œuvres de Challe du point de vue du pittoresque religieux, ce rapprochement a déjà été fait par F. Deloffre (n. 5 p. 447), mais d'un point de vue différent.

[34] *Mémoires*, p. 513. Voir ci-dessus n. 1.

[35] *Difficultés*, p. 53.

[36] *JV21*, t. I, p. 248-250.

[37] *JV21*, t. II, p. 131.

de biens d'une figure à dix visages, avec cent bras, que d'une oublie incrustée dans un vase précieux et rayonnante de pierreries?»[38]. Challe n'a plus peur de prononcer des paroles sacrilèges.

Un semblable cheminement s'opère à propos des cérémonies catholiques dans le monde. A la messe des Rameaux de La Vinate Challe s'amuse, on l'a dit, de voir le prêtre et ses acolytes «noirs comme beaux diables»[39]. Il n'y a là aucune irrévérence, au contraire même car Challe décrit ses efforts pour garder une attitude respectueuse. Il conclut le spectacle pittoresque qu'il vient de livrer par un commentaire d'ordre spirituel «Raillerie à part l'office s'y fait bien et dévotement même, et il serait à souhaiter que l'intérieur répondît à l'extérieur». Quelques pages plus loin, toujours à La Vinate, la même formule revient négativement: «La religion de ces peuples est la nôtre, catholique, apostolique et romaine; mais certainement l'intérieur ne répond point à l'extérieur»[40]. Le tableau pittoresque que Challe prend plaisir à peindre déclenche donc en lui sur-le-champ une réflexion sur l'universalité du catholicisme romain. La conséquence se trouve au deuxième Cahier des *Difficultés*: «La plupart des conversions se font chez des nations sauvages qu'on surprend par autorité et par l'avantage que nous donnent sur eux les armes, les sciences et les arts: on les convainc aisément de l'existence d'un seul Dieu; on les éblouit par les spectacles de nos cérémonies [...]. Voilà le don de Dieu, voilà ces âmes gagnées à Jésus Christ. Je n'en parle point sur les relations, j'ai vu [...]. Une chose de fait c'est que les nègres qui passent en Turquie se font mahométans, ceux qui sont élevés dans les colonies protestantes sont luthériens, calvinistes etc., comme les nôtres sont catholiques romains»[41].

C'est exactement l'inverse qui se produit à propos du culte des images. C'est dans les *Difficultés* que l'on trouve l'origine d'un développement du *Journal de voyage*. «La vue de certaine Notre-Dame m'a révolté contre le culte des images dès mon enfance. Je comptais pendant le chemin que je verrais la Vierge en l'air comme on la représente dans les tableaux, mais quand je ne vis qu'une mauvaise petite figure de pierre noire, à laquelle on faisait toucher des chape-

---

[38] *Difficultés*, p. 53.
[39] *JV21*, t. I, p. 134.
[40] *JV21*, t. I, p. 140.
[41] *Difficultés*, p. 93.

lets au bout d'un bâton, je tombai de mon haut et rien ne m'a paru si
ridicule»[42]. Il n'est donc pas étonnant de le voir développer dans le
Journal de voyage une longue comparaison entre Mado, la pittoresque idole à tête d'éléphant, «un morceau de bois qui représente au
naturel la racine du genre humain» et un Saint-René de pierre qu'il a
«vu aux chartreux de Nantes, qui n'a rien qui sente le mâle que la
barbe, ayant le «bas du ventre tout mangé et bien plat»[43] (il est dans
cet état parce que les femmes stériles venaient le gratter pour boire la
poudre de pierre dans du vin blanc). Le culte des images n'est pas un
point de foi et Challe peut en bon catholique s'écrier «Quel est le
Caton qui ne rirait d'une pareille impertinence?». Cependant cette
phrase trouve son écho dans les *Difficultés*: «Il n'y a point
d'impertinence dans le paganisme le plus outré dont on ne trouve une
fidèle copie dans notre religion; le parallèle n'est pas difficile. Four-
nissez M.R.P., une liste des extravagances païennes, je ferai l'autre
partie»[44]. Ici son intention polémique est claire, son attitude critique
est une démarche volontaire, on est loin de la prudence du *Journal de
voyage*: «l'oserais-je dire sans impiété? Il me paraît que leurs idoles
sont parmi eux ce que les saints sont parmi nous [...] on pourrait dire
que ceci sent le libertinage, ou du moins le calvinisme; mais ce n'est
qu'une simple comparaison que je fais»[45].

On a vu que son horreur du culte des images remonte à l'enfance
de Challe. Juste avant cette confidence, il fait «réflexion sur
l'attention qu'on a à préoccuper l'esprit des enfants, avant qu'ils
soient en état de juger de ce qu'on leur propose, sur ces légendes
farcies de miracles ridicules et même odieux, [...] de faussetés gros-
sières et pourtant approuvées, publiées, prêchées, imprimées et pein-
tes dans les temples»[46]. Ailleurs, à deux reprises, il s'emporte contre
le «tableau que la plus spirituelle et la plus savante ville du monde a
offert dans l'église de Ste Geneviève pour le secours prétendu que
sainte Geneviève a donné à la France[...] Personne ne croit le miracle»[47]. Ce qui le scandalise c'est que «dans deux cents ans, sur la foi
de ce tableau on fera le récit d'un miracle que l'on n'osera nier avec

---

[42] *Difficultés*, p. 48. Il s'agit de Notre-Dame des Ardilliers, près de Saumur.
[43] *JV21*, t. II, p. 24-26. Ce passage ne figure pas dans le Journal envoyé à Pierre
Raymond, voir F. Deloffre, *Robert Challe. Un destin, une œuvre*, p. 46-47.
[44] *Difficultés*, p. 53.
[45] *JV21*, t. II, p. 24.
[46] *Difficultés*, p. 47.
[47] *Difficultés*, p. 219.

une si bonne attestation»[48]. Quelle confiance dans le pouvoir de l'image! Cette phrase étonnante qu'il répète ailleurs de façon presque identique[49] mérite qu'on s'y arrête. Ne serait ce pas l'origine du frontispice des *Tablettes chronologiques*, point de départ de notre étude? Si un tableau peut avoir une telle influence sur les esprits qu'il y fait entrer un mensonge, alors un autre tableau ne peut-il pas y rétablir la vérité?

Avant de conclure je veux dire quelques mots d'un autre frontispice, qui n'est pas imaginaire celui-là. Intitulé «Tableau des principales religions du monde»[50], il a été gravé par Bernard Picart en 1727 pour les *Cérémonies et coutumes religieuses de tous les peuples du monde*, recueil illustré de dissertations, mis en souscription dès 1720[51]. C'est une belle composition dont le pittoresque parle à l'imagination, mais sans chariot d'Ezéchiel. La légende est inutile pour comprendre que le Pontife romain domine parce qu'il a écrasé le soldat romain qui tient encore le globe, symbole de l'Empire[52]. Certes Picart a sans doute trouvé tout seul l'idée de son frontispice mais il pourrait avoir eu connaissance du projet d'estampe envoyé par Challe au *Journal littéraire* de La Haye en 1716. Bernard Picart, catholique de naissance, quitte Paris pour des raisons religieuses et s'installe définitivement en 1711 à Amsterdam où vient le rejoindre son intime ami Prosper Marchand, un des membres fondateurs du *Journal littéraire* et premier biographe de Challe. Jean-Frédéric Bernard, le compilateur et éditeur des *Cérémonies religieuses*, Français émigré aussi pour des raisons religieuses, libraire à Amsterdam, a collaboré aux *Nouvelles littéraires* de La Haye. C'est son gendre, Marc-Michel Rey, qui donnera en 1748 l'édition des *Illustres Françaises*, augmentée des *Mémoires historiques et critiques* de Prosper Marchand. Cette édition comporte deux vignettes de Picard, de 1728 et 1729. Ces menus faits et dates ne prouvent certes rien[53]. On peut simple-

---

[48]   *Difficultés*, p. 154.
[49]   «Dans deux cents ans d'ici, toute la canaille le croira», *Difficultés*, p. 219.
[50]   Voir p. 73.
[51]   8 tomes en 9 vol. (1723-1743).
[52]   Voir à ce sujet G. Artigas-Menant, «L'Utilisation de la Rome antique dans la propagande anti-catholique au XVIIIᵉ siècle», dans *Images de l'Antiquité dans la Littérature française*, Presses de l'E.N.S., 1993, p. 125-136.
[53]   De nombreux autres indices suggèrent l'intérêt d'une étude à faire sur l'origine de certains thèmes communs entre les œuvres de Challe et les *Cérémonies religieuses*. Le rapprochement entre le culte de Priape et la statue du Saint René de

ment penser que le portefeuille contenant les lettres de Challe aux
journalistes de La Haye n'était pas très loin de l'atelier de Bernard
Picart et de la librairie de Jean-Frédéric Bernard. Que dire des *Tablettes chronologiques* elles-mêmes ?

Concluons. «Dieu ne dicte point de livres» dit Challe. La vision
d'Ezéchiel est donc une belle et dérisoire image de l'invention humaine. Le projet d'estampe pour mettre à la tête des *Tablettes chronologiques* est significatif de son art, de sa culture et de sa volonté
critique.

De multiples textes montrent qu'il y a chez lui un véritable art de
voir, c'est-à-dire de dégager de la réalité, et surtout des cérémonies
religieuses, des tableaux, des scènes, des figures qui frappent le lecteur comme l'écrivain. C'est que Challe est nourri d'une véritable
expérience picturale, acquise dans les églises de Paris et dans les
monuments romains, qui l'aide à découvrir les éléments pittoresques
au sens plein du terme. Loin d'être un observateur naïf, il regarde à
travers sa culture. Mais ces éléments pittoresques parlent au philosophe: plus que tous les raisonnements ils apportent dans une sorte
d'éclair d'inspiration l'évidence de la fausseté des religions factices.

Oui, Challe est sans doute sincère quand il affirme aux journalistes de La Haye «cette idée ne fait que de me venir en vous écrivant»
mais cette inspiration soudaine est nourrie des images, d'abord pieu-
ses puis critiques, qui, depuis l'enfance, lui «font ouvrir les yeux».

Geneviève Artigas-Menant

Nantes se trouve dans le recueil de J. F. Bernard (t. I, p. 35). Beaucoup des figures gravées par B. Picart et ses disciples pourraient illustrer de façon saisissante
Le Journal de voyage, les *Mémoires* et les *Difficultés*.

Frontispice spécialement gravé pour la première édition néerlandaise de 1727 des
Cérémonies et coutumes religieuses.

CHALLE ET LA «MISÉRABLE JUSTICE HUMAINE» DE PASCAL

Toute étude de l'influence de Pascal sur les *Difficultés sur la religion*[1] doit commencer par un passage obligé. Il s'agit de savoir comment interpréter la mention «M. Pascal» qui paraît en marge des manuscrits B et M à côté de la phrase: «Un grand génie papiste et cagot a été réduit à traiter notre justice de misérable à l'occasion du péché originel» (B, p. 417; M, p. 250). Challe a-t-il ajouté cette note lui-même? L'écriture est bien la même que celle du texte dans chaque manuscrit, mais c'est celle d'un copiste dans chaque cas et aucune autre note ne paraît en marge. Pourquoi l'auteur aurait-il composé une périphrase s'il avait voulu donner le nom de la personne? La périphrase a l'avantage de prêter une nuance ironique au grand génie et de l'injurier par les deux épithètes qui suivent, dont une empruntée aux protestants et l'autre aux libertins[2]. On y reconnaît d'ailleurs la sincérité dont Challe se pique[3] et qui l'incite à exposer la moindre de ses querelles. Nommer l'apologiste le plus illustre de son époque et l'appeler «Monsieur» ne lui ferait-il pas trop d'honneur? C'est plutôt la démarche d'un copiste ou lecteur qui voudrait se montrer et mon-

---

[1] Nous nous référons au manuscrit de la Bayerische Staatsbibliothek de Munich: Cod. Gall. 887, p. 610-611 (sigla: B), et au manuscrit 1192 de la Bibliothèque Mazarine (sigla: M) que nous citerons dans l'édition de Frédéric Deloffre et Melâhat Menemencioglu (Paris, Oxford, 1983), p. 234. Sur l'influence de Pascal, voir Antony McKenna, *«Difficultés sur la religion»*, *De Pascal à Voltaire*, Studies on Voltaire and the Eighteenth Century, vols. 276-277, Oxford, 1990, II, 655-678.

[2] Les deux camps ennemis reconnus par Pascal et les jansénistes.

[3] Et dans les autres œuvres de Challe. Voir Frédéric Deloffre, «La Sincérité de Robert Challe dans les *Mémoires:* à propos de la bataille de La Hougue», *Le Genre des Mémoires; Essai de définition*, Colloque International des 4-7 mai 1994, Université des Sciences Humaines de Strasbourg, Paris, Klincksieck, 1995, p. 119-134, et Jean Mesnard, «Entre Mémoires et fiction: le thème acadien chez Robert Challe», *Travaux de Littérature*, III, Paris, Les Belles Lettres, 1990, p. 297-323.

trer aux autres qu'il sait, lui, de quel grand génie il s'agit, vanité étrangère au caractère d'un homme dont la plume est une autre épée. L'écrivain aurait sûrement laissé cette identification au copiste.

Mais cela ne veut pas dire que le copiste se trompe, car Challe ne pense pas à un autre grand génie papiste et cagot comme Saint Augustin[4]. Son admiration pour celui-ci ne l'empêche pas de s'inquiéter de son soutien de certaines doctrines comme la prédestination qui est tout près du péché originel[5]. Son respect pour Malebranche, le «grand génie» (B, p. 418; M, p. 250) auquel il adresse les *Difficultés*, s'accompagne d'une attitude nettement critique. Par contre, il ne fait guère de compliments, dans B, à un «génie incomparable... le grand Saint Paul»[6]. Or Malebranche professait le péché originel, tandis qu'Augustin l'aurait inventé[7] et Paul l'aurait proclamé[8]. Vu l'hostilité de Challe à l'égard du péché originel, l'épithète de grand génie semble impliquer une ironie partielle dans les cas d'Augustin et de Malebranche et une ironie entière dans ceux de Paul et de Pascal.

Avant de nous pencher sur l'injustice du péché originel selon Challe, nous devons en finir avec ses allusions plus ou moins explicites à Pascal. Quatre ans après la rédaction des *Difficultés* (1711-1712), il écrivit ses *Mémoires* (1716) et, dans une diatribe contre les jésuites, qu'il déteste, il découvrit un allié dans l'auteur des *Lettres à un provincial*. En l'honorant du titre de «Monsieur», il adapte un passage qu'il aurait emprunté à la «Sixième Lettre» aux besoins de son contexte. Pascal aurait dit aux jésuites qu'ils ne devaient plus «souffrir que les juges fissent pendre en pratique ceux que la [S]ociété absolvait par théorie». Cette paraphrase ressemble assez à une phrase de Pascal, mais le contexte de celle-ci évoque la corrup-

---

[4]   Ces épithètes auraient pu lui convenir dans ce contexte. Dans *Pascal et saint Augustin* (Paris, 1970), Philippe Seillier démontre à quel point l'un est le disciple de l'autre.

[5]   «Je rejette absolument cette prédestination à l'égard de la vie mortelle. A l'égard de l'éternité, je ne la rejette ni ne l'admets absolument» (*JV 21*, I, 103). Ensuite, il cite les *Soliloques* 28. 3, 4.

[6]   Autre maître de Pascal.

[7]   «La doctrine du péché originel, en sa formulation plus technique telle qu'elle a été sanctionnée par l'Eglise, apparaît pour la première fois chez Saint Augustin». Athanase Sage, «Le Péché originel. Naissance d'un dogme», *Revue des Etudes augustiniennes,* t. 13 (1967), p. 211.

[8]   On se réfère surtout aux Romains v, 12: «(...) par un seul homme le péché est entré dans le monde, et par le péché la mort a passé en tous les hommes, du fait que tous ont péché». *La Bible de Jérusalem*, Paris, 1990.

tion des juges eux-mêmes par l'abus de la confession[9]. Il est vrai qu'il s'agit toujours de la justice institutionnelle que Challe désigne souvent par un J majuscule. Il se sent si solidaire de son nouvel allié qu'il le défend ensuite contre la calomnie des jésuites fourbes qui prétendent que:

> Mr Pascal... se [soit] rétracté de ses Lettres [à un] provincial. Je suis en état autant qu'homme du monde de dire à toute la [S]ociété sur cet article ce que le bon père Valérien leur dit: *mentiris impudentissime*[10].

Sans doute est-il dans cet état parce qu'il a lu la «Quinzième Lettre» avec le plus grand intérêt[11]. Quel plaisir que l'occasion de faire écho à une injure pareille! C'est une occasion de rendre justice au "grand génie" qui, lui-même, rend justice aux jésuites. Challe a oublié que ce "grand génie" est papiste et cagot.

Revenons à la suite de la phrase dans les *Difficultés* que nous avons citée tout à l'heure: «Un grand génie... a été réduit à traiter notre justice de misérable à l'occasion du péché originel»[12]. L'expression «notre misérable justice» paraît en effet dans l'édition des *Pensées* de Port-Royal[13] (p. 152) que Challe a pu lire, et même sur une feuille de Pascal lui-même (La, n° 131, p. 515 B) à laquelle il

---

[9] Fin de la sixième *Provinciale*, Louis Lafuma, *Œuvres complètes*, Seuil, 1963 (abréviation: La), p. 396 B: «– J'entends bien, lui dis-je; mais si d'une part vous êtes les juges des confesseurs, n'êtes-vous pas de l'autre les confesseurs des juges? Votre pouvoir est de grande étendue: obligez-les d'absoudre les criminels qui ont une opinion probable, à peine d'être exclus des sacrements, afin qu'il n'arrive point, au grand mépris et scandale de la probabilité, que [397A] ceux que vous rendez innocents dans la théorie se soient fouettés et pendus dans la pratique. Sans cela, comment trouveriez-vous des disciples?»

[10] *Mémoires,* 58, p. 91-92; même citation dans le *JV21,* t. II, p. 118.

[11] Calomnié par les jésuites, le capucin Valérien réplique: «mentiris impudentissime». Ils accusent aussi Pascal disant: «*Que je suis aussi pensionnaire de Port-Royal, et que je faisais des romans avant mes Lettres,* moi qui n'en ai jamais lu aucun et qui ne sais pas seulement le nom de ceux qu'a faits votre apologiste? Qu'y a-t-il à dire à tout cela, mes Pères, sinon: *mentiris impudentissime,* si vous ne marquez toutes ces personnes, leurs paroles, le temps, le lieu? Car il faut se taire, ou rapporter et prouver toutes les circonstances» (La, p. 445 B).

[12] La phrase suivante: «La véritable justice est donc de punir Pierre pour le crime de Jean» (B. p. 417; M. p. 250).

[13] Nous nous référons à la réédition de Georges Couton et Jean Jehasse, Images et Témoins de l'Age Classique t. 2, Saint-Etienne, Centre InterUniversitaire d'Editions et de Rééditions, 1971, qui reproduit l'édition des *Pensées de M. Pascal* de 1670 et ses compléments 1678-1776. abréviation: PR.

n'avait sûrement pas accès. Donc l'auteur des *Pensées* était effectivement le grand génie en question. Les contextes immédiats de l'expression dans les éditions de Port-Royal et de Lafuma se ressemblent d'assez près. Voici un résumé de cette argumentation célèbre: «il n'y a rien qui ne choque plus notre raison que» l'idée que nous serions coupables du péché de notre plus lointain ancêtre, car cette transmission nous semble impossible et «même très injuste». «Qu'y a-t-il de plus contraire aux règles de notre misérable justice» (La, n° 131; PR, p. 152) que la damnation d'un enfant pour un péché commis 6000 ans avant sa conception? Mais, sans ce mystère, nous ne pouvons nous comprendre nous-même, parce qu'il recèle le secret de notre chute. C'est comme si Pascal avait voulu confirmer les pires soupçons de Challe.

La considération d'un contexte plus large persuade Antony McKenna que les éditeurs de Port-Royal ont réduit l'antagonisme entre les justices divine et humaine, antagonisme intrinsèque selon Pascal, à une simple différence entre l'unicité divine et la multiplicité humaine (I, 122). Mais D. A. Askew[14] montre qu'ils ont renversé une formule de Pascal qui tend, si peu que ce soit, à réconcilier les deux justices. Selon une feuille manuscrite du célèbre pari, «Il n'y a pas si grande disproportion entre notre justice et celle de Dieu qu'entre l'unité et l'infini» (La, n° 418, p. 550 A). Et selon l'édition de Port-Royal: «Il n'y a pas si grande disproportion entre l'unité et l'infini qu'entre notre justice et celle de Dieu» (PR, p. 167). Dans ce renversement, D. A. Askew ne voit pourtant que le souci de décourager les hommes d'essayer de mesurer la justice de Dieu à l'aune de la leur et il nous convainc que Pascal aurait partagé ce souci. Le grand génie n'accepte-t-il pas la justice de tourmenter éternellement en enfer les enfants morts sans baptême? Malgré la difficulté de dégager une pensée cohérente des fragments laissés par un moribond et d'évaluer la fidélité de ses éditeurs envers cette pensée, nous pouvons affirmer que Challe a bien compris ce qu'il voulait dire par l'expression *notre misérable justice*.

M omet la plupart des répétitions ironiques et amères de l'adjectif *misérable* dont l'auteur s'amuse à qualifier, dans B, le nom *justice* et d'autres pareils comme *sagesse*. Il ne cache pas son ressentiment dans deux passages uniques à B dont l'un précède et l'autre suit l'allusion à saint Paul que j'ai citée tout à l'heure. En plus de cette

---

[14]   Askew, D. A.(1968) «Pascal's pari in the Port-Royal Edition», *Australian Journal of French Studies*, t. 5, 1968, p. 169.

citation, M et B n'ont rien en commun ici sinon l'ascension de Paul au ciel et son opinion que «la sagesse des hommes est folie devant Dieu»[15]. Le premier des deux passages inédits présent dans B admet avec ironie qu'on peut affirmer que nous voyons comme vraie une justice que Dieu condamne comme fausse. Et même

> que rien ne choque tant les règles de nos misérables idées de la vérité que la Trinité, et par ce beau raisonnement [on peut][16] mettre tout Euclide au rang des erreurs de l'esprit humain. (B, p. 418)

La découverte de l'Amérique passerait pour fable et les contes de fées pour des histoires authentiques. Ce monde à l'envers permet à Challe de rétorquer le langage et la pensée de Pascal en opposant le monument à la logique, sur laquelle il se fonde, au monument à l'absurdité qu'il voit dans la foi de son adversaire. On peut en effet affirmer des absurdités parce qu'on est libre d'affirmer n'importe quoi, mais celles-ci ne peuvent pas tenir à conséquence parce qu'elles n'expriment aucune réalité. C'est un géomètre qui se venge. Typiquement cartésienne, cette polémique binaire essaie d'empaler l'adversaire sur une des deux cornes d'un dilemme quand, en réalité, toutes les questions qu'elle pose impliquent la possibilité d'un plus grand nombre de réponses.

Les conséquences théologiques d'une distinction essentielle entre les deux justices inspirent un sarcasme que Challe souligne dans B: «*Dieu est un trompeur... qui a donné aux hommes les idées les plus claires et les plus distinctes contre la vérité*». Dieu aurait voulu que ses créatures prennent le vice pour la vertu et la vertu pour le vice; il aurait voulu qu'elles considèrent Néron comme un saint malgré «les règles de leur misérable justice» qui condamnent «le plus détestable des scélérats» (B, p. 418). C'est ici qu'intervient l'opinion de saint Paul selon laquelle «la sagesse des hommes est folie devant Dieu». Suivent dans le second passage inédit de B des exemples d'actes vertueux qui seraient réellement des folies et d'actes vicieux qui seraient réellement sages. Un des premiers renvoie à l'autobiographie «éclatée» de Challe[17]: il s'agit de «lutter contre la mauvaise fortune et

---

[15]   I Corinthiens iii, 19.
[16]   Ce genre d'omission est, comme on sait, un des traits les plus fréquents du style de Challe.
[17]   Voir Frédéric Deloffre, «Une Autobiographie éclatée: Robert Challe», «L'Autobiographie en France avant Rousseau», *Cahiers de l'Association Inter-*

en soutenir tous les coups avec patience et constance». Un autre parmi les premiers et un autre parmi les derniers passages évoquent sans doute une expérience qui nous serait autrement inconnue: «souffrir avec patience les faiblesses et les emportements de sa femme», d'une part, et, d'autre part, «s'entêter contre sa femme, et lui répondre impertinences et injures pour injures et impertinences» (B, p. 418). Nous pouvons affirmer seulement que Challe s'est marié sur le tard avec une femme qui ne savait pas signer son nom[18]. Un Dieu trompeur désapprouverait le bon et approuverait le mauvais traitement de sa femme comme il condamnerait sa patience et sa constance face à l'adversité dont Challe se plaint dans le «Premier Cahier» des *Difficultés* ainsi que dans les *Mémoires* et le *Journal*. Est-ce un souvenir du *Dieu trompeur* qui hantait Descartes? Sans doute.

Un autre passage sur la justice de Dieu se trouve quelques pages plus loin dans B, et dans le manuscrit Sepher[19], mais pas dans M. Ce manuscrit omet le mot *misérable* qui paraît trois fois dans B. De la citation de Pascal, il ne retient que la formule *rien ne choque*. Or le rétablissement de *misérable* enrichit sensiblement la sémantique du passage comme nous le verrons. Challe ouvre cette réplique tacite en présentant l'opinion de Pascal comme une hypothèse, et il la souligne dans B: «*Si la justice de Dieu est toute autre chose que ce que nous entendons par le mot de justice, et même positivement le contraire...*». Remarquons que *le contraire* diminue singulièrement les possibilités de *tout autre chose*. C'est le vice binaire déjà noté. Exagérée ainsi, l'hypothèse appelle une série de conséquences absurdes: Dieu existerait en n'existant pas; sa puissance ne lui permettrait de rien faire; sa liberté l'assujettirait à la nécessité; son intelligence l'empêcherait de rien savoir. Suit une autre série dont chaque élément commence par la formule «Rien ne choquera tant les règles de notre misérable...» et cet adjectif unique à B modifie successivement les substantifs «liberté», «sagesse» et «justice» (B, p. 420; S, p. 252). Chacune de ces thèses amène une antithèse assortie[20], mais la dernière des trois phra-

---

nationale des Etudes Françaises, Paris, Les Belles Lettres, 1997, N° 49, p. 261-279.

[18] Voir Jean Mesnard, «L'Identité de Robert Challe», *Revue d'Histoire littéraire de la France,* t. 79, 1979, p. 938.

[19] Saint-Pétersbourg: Théologie, in-4°, 92 D. abréviation: S. Il s'agit d'extraits commandés par l'abbé Sepher. Le texte paraît en parallèle avec celui de M dans l'édition des *Difficultés* de 1983.

[20] Voici par exemple la deuxième proposition: «Rien ne choquerait tant les règles de notre misérable sagesse que d'agir sans fin et sans connaître les moyens d'y

ses s'intègre dans un récit introduit entre celle-ci et la deuxième, car Challe éprouve sans cesse le besoin de démontrer en racontant.

Excédé par les identités de contraires, «ces impertinences» qu'il vient d'exposer, il imagine une rencontre «dans un désert» avec «un de ces docteurs», allusion qui, ne renvoyant à personne d'explicite, vise apparemment Pascal et ses amis du pieux *désert* de Port-Royal des Champs. Que ferait Challe dans ce cas? «Je lui donnerais volontiers les étrivières»[21]. Voilà justement ce qui arriva à un officier nommé Lalonde pour avoir «brutalisé» notre irascible écrivain devant le grand horloge de La Rochelle[22]. Ayant battu son docteur, il répondrait «d'un ton béat à ses plaintes»:

> «Rien ne choque tant les règles de notre misérable justice que de maltraiter quelqu'un dont nous n'avons reçu aucun tort, cela est injuste... devant les hommes aveuglés par le péché originel. Mais cela est très juste en soi; ne vous plaignez point».

Il renforcerait ce sarcasme en lui rétorquant la futilité d'invoquer la justice d'un Dieu qui punit les innocents. Que répondrait «ce docteur de chimères»? Il admettrait enfin que «*Dieu est juste de la justice que nous connaissons*» (B, p. 420, S, p. 252). La différence entre sa justice et la nôtre est celle qui oppose sa perfection à notre imperfection et rien de plus. Ajoutons qu'en termes scolastiques, ce serait une différence accidentelle et non substantielle.

Cette querelle oppose, selon Challe, un homme qui vit dans le monde à un homme qui veut y échapper; une autre querelle surgit entre un homme de loi et un homme de foi. Le pronom «on» dans la phrase suivante ne pourrait se référer qu'à Pascal: «Inutilement dira-t-on que la même chose est un crime en un lieu et une belle action en un autre, cela ne tombe que sur les actes indifférents en eux-mêmes» (B, p. 508; M, p. 290). Antony McKenna montre (II, 668) que cette phrase renvoie à la célèbre pensée, «Vérité au-deça des Pyrénées, erreur au-delà» dont le texte est exactement le même dans l'édition de Port-Royal (p. 304) que sur la feuille manuscrite de Pascal (La. n° 60). Quant au contexte, il est presque le même, mais, en anticipation des Pyrénées, les éditeurs insérèrent dans la phrase précédente,

---

pourvoir» (B, p. 420). Notez le parallèle dans S: «Rien ne choquera ensuite les règles de notre sagesse, en agissant sans fin et sans connaître les moyens d'y parvenir» (*Difficultés*, p. 252).

[21] B, p. 420; S, p. 252. S omet «volontiers».

[22] *JV21*, t. II, p. 219.

«Plaisante justice qu'une rivière borne»! l'ajout «ou une montagne». Curieusement, Challe répond au mépris de la variation géographique des lois et non à celui de la variation historique qu'exprime aussi Pascal.

Il reste à savoir le genre de ces actes et pourquoi ils seraient «indifférents en eux-mêmes». Nous avons vu que Challe distingue en théologien entre la justice parfaite de Dieu et la justice imparfaite des hommes. En juriste[23], il divise encore cette dernière en justice naturelle et justice conventionnelle. C'est grâce à la nature humaine qu' «il y a dans tous les cœurs un sentiment du juste et de l'injuste indépendamment d'aucune loi». Mais des «actions naturellement indifférentes sont devenues bonnes ou mauvaises par convention»[24] (B, p. 509; M, p. 290). Notre juriste aurait dû distinguer plus clairement entre, d'une part, les conventions imposées par la force et consacrées par la coutume et, d'autre part, les conventions établies par le consentement de tous ceux qui sont concernés. Les premières, dont il parle peu, étaient presque les seules en vigueur à son époque, tandis que les dernières, dont il parle beaucoup, n'existaient guère que dans l'esprit de théoriciens et d'idéalistes. Il n'en subordonne pas moins la justice conventionnelle, en confondant les deux types, à la justice naturelle: «une nation punit une chose que l'autre souffre; toutes convenant de la maxime qu'il faut punir l'injustice» (B, p. 509; M, p. 290). A l'opposé du droit d'autres pays, celui de Sparte permettait par exemple l'adultère qu'il considère parfois comme moralement indifférent[25]. «Commun et réciproque, cet acte ne faisait tort à personne; donc il ne choquait point... la justice» (B, p. 510; M, p. 290). Entendons que la criminalité de l'adultère ne résulte que d'une convention accordée par les citoyens de pays comme la France. Par contre, dit-il, aucun peuple ne récompense l'assassinat, le viol, la destruction de la propriété d'autrui, l'incendie volontaire, etc. Enten-

---

[23] Voir Frédéric Deloffre, «Robert Challe et la justice», *Séminaire Robert Challe: Les Illustres Françaises*, éd. Michèle Weil, Montpellier, Université Paul Valéry, 1995, p. 51-64.

[24] Challe compare cette convention à celle qu'implique «un jeu: mettre une boule près ou loin d'un certain point est indifférent, une nation en mettra le prix à la mettre près, l'autre à la mettre loin. Cependant, toutes conviendront de la maxime que le prix est dû à l'adresse» (B. p. 505-506; M, p. 288).

[25] Arlequin dit que, «quand on le sait, c'est peu de chose, et quand on l'ignore ce n'est rien» (*JV21*, t. II, p. 245). Voir Frédéric Deloffre, «L'adultère innocent: thème philosophique, romanesque et dramatique», *Cahiers de littérature du XVIIᵉ siècle. Hommage à René Fromilhague*, 6, 1984, p. 139-148.

dons que la justice naturelle imposera toujours la criminalité de ces actes, insinuation qui nous semble optimiste.

Plus loin, Challe fonde la justice naturelle sur une adaptation car-tésienne de la règle d'or: «*La raison et la conscience me disent clai-rement que je* [ne] *dois... rien faire* [à autrui] *dont je me plaindrais justement si quelqu'un me le faisait*». En morale, la raison et la cons-cience se confondent, donc un paysan connaît la justice naturelle aussi bien qu'un savant. On la reconnaît spontanément et sans consulter personne. C'est «la véritable justice prise en elle-même» (B, p. 537; M, p. 302) et celle que nous partageons avec Dieu, mais imparfaitement comme nous l'avons vu tout à l'heure. Là elle s'oppose à la justice conventionnelle et ici à la justice civile, qui ne s'opposent à leur tour, l'une à l'autre, que par la distinction entre théorie et pratique. Suit une définition intéressante:

> La justice civile, qui comprend les différentes lois que les hommes ont faites soit à droit, soit à tort, demande une étude dont tous les particuliers ne sont pas capables, et sur quoi il faut nécessairement consulter ceux qui font leur métier de pos-séder et d'entendre les lois. (B, p. 537; M, p. 303)

Comment échapper à l'évidence de cette recommandation? Ne res-semble-t-elle pas au témoignage d'un homme de loi accoutumé à rendre précisément ce service professionnel à des clients qui ne connaissent de justice que la naturelle? en l'occurrence, Robert Challe qui ajoutait à sa signature «avocat» ou «avocat au parle-ment»[26].

Ce qui ne nous empêche pas d'y voir avec Antony McKenna en-core autre chose, c'est-à-dire une réplique implicite à une pensée ajoutée aux autres de Pascal dans l'édition de 1678. Pour bien com-prendre cette réplique, il faut prendre en considération le commen-taire que notre juriste ajoute au passage que je viens de citer. Il s'agit d'une recommandation d'obéir à toutes les lois du pays où l'on se trouve qui ne sont pas contre «l'équité naturelle, ou [qui n'ont pas] été faites d'un consentement unanime». La conjonction *ou* a un sens alternatif plutôt qu'exclusif, car nous savons déjà que, d'après Challe, la justice naturelle empêche de consentir à des lois qui la violent. Par conséquent, on peut «en conscience... frauder» (B, p. 538; M, p. 303)

---

[26] Voir Frédéric Deloffre, «Robert Challe et la justice», art. cit., p. 51.

toute loi qui ne s'y conforme pas. A première vue, la pensée de 1678 semble s'accorder plus ou moins avec cette opinion. Les éditeurs recommandent en effet de suivre la coutume qu'on trouve établie à condition qu'elle ne s'oppose pas «au droit naturel ou divin». Le peuple, qui la suit parce qu'il la croit juste, ne la suivrait plus s'il la croyait en conflit avec la raison et la justice

> parce qu'on ne veut être assujetti qu'à la raison ou à la justice. La coutume sans cela passerait pour tyrannie; au lieu que[27] l'empire de la raison et de la justice n'est non plus tyrannie que celui de la délectation. (PR, p. 521)

Pascal avait ajouté: «Ce sont les principes naturels à l'homme» (La. n°. 525, p. 577 B). La version de Port-Royal est en effet plus sibylline que celle de Pascal[28] que les éditeurs, prudents, ont beaucoup éditée. Mais Challe a compris qu'on rabaissait la raison et la justice humaines au niveau du divertissement pascalien, c'est-à-dire à celui de la distraction qui nous empêche de penser à nous-même et ainsi à celui des passions futiles et néfastes incitées par la concupiscence. Cette insinuation offensait le déiste qui rejetait une injustice divine condamnant les hommes à se nuire à eux-mêmes autant que le juriste qui tenait à l'intégrité de sa profession sans oublier la faillibilité de celle-ci[29]. Ici comme ailleurs, pourtant, il réagit surtout contre l'implication de deux poids et deux mesures qu'il découvre dans la distinction essentielle entre les justices divines et humaines.

Le rationaliste rejette la justification dogmatique d'un Dieu qui, ayant induit ses créatures en erreur, les punit. Son Dieu à lui partage nécessairement avec les hommes la seule justice possible, mais ceux-ci ne l'entendent qu'imparfaitement parce qu'ils sont des êtres imparfaits. Pour autant qu'ils l'entendent, elle leur sert de justice naturelle à laquelle ils ajoutent une justice conventionnelle. La justice naturelle les empêche d'excuser par convention les crimes commis contre elle, la justice conventionnelle ne permet donc que les actes moralement bons ou indifférents. Institutionnalisée, la justice conventionnelle

---

[27] Pascal avait écrit «mais».

[28] «La coutume ne doit être suivie que parce qu'elle est coutume, et non parce qu'elle est raisonnable ou juste, mais le peuple la suit par cette seule raison qu'il la croit juste. Sinon il ne la suivrait plus quoiqu'elle fût coutume...» (La. n° 525, p. 577 B).

[29] Voir par exemple *Mémoires*, 200-207, p. 216-224, où il s'agit d'une succession usurpée sur un neveu orphelin» (résumé des éditeurs: p. 28).

devient un droit civique qui, en vue de sa complexité, nécessite l'intervention de professionnels qui sont juges ou avocats. La netteté de ces distinctions n'est pas compromise par la confusion entre, d'une part, l'idéal des conventions libres et unanimes et, d'autre part, la réalité des lois imposées par la force et consacrées par la tradition, car cette confusion n'existe qu'à l'intérieur de la catégorie de la justice conventionnelle. L'analyse du texte ne soutient pas la thèse d'un conflit entre droits naturels et conventionnels[30] lequel semble provenir d'une recherche de sources arrêtées d'avance faisant en quelque sorte abstraction de l'unité évidente de l'esprit de l'auteur. Loin d'être un faisceau d'influences, celui-ci ne prouve-t-il pas justement son originalité par la critique de ces influences? Malgré son désir de rester anonyme sous un régime devenu dévot et répressif, il ne cache pas qu'il connaît la justice et qu'il y a beaucoup réfléchi en juriste et en philosophe indépendant et original.

William Trapnell

---

[30] Voir Antony McKenna, *De Pascal*, II, 669.

ROBERT CHALLE, LECTEUR ET ADAPTATEUR
DE COURTILZ DE SANDRAS

S'il est un romancier parmi ses contemporains que Challe a lu et dont il s'est nourri, c'est certainement Courtilz de Sandras. Dans son *Journal de voyage aux Indes*, il rapporte en date du 7 mai 1691 qu'il possède dans ses bagages un exemplaire des *Mémoires de M.L.C.D.R.* et qu'il l'a utilisé pour composer un chiffre secret: «Les Mémoires du C.D.R. et un Dictionnaire de Pajot que j'ai, m'ont fourni l'idée d'un chiffre que je crois que le diable ne comprendrait pas, à moins que d'en avoir l'intelligence, qui ne serait donnée que de vive voix»[1]. C'est dire que ce roman sur lequel je reviendrai lui était familier.

A cet intérêt de Challe pour l'œuvre de Courtilz, on peut trouver plusieurs raisons: d'abord des affinités indéniables entre les deux écrivains. Bien qu'ils soient d'origine sociale différente – Courtilz, comme l'a démontré Jean Lombard[2], appartient à la vieille noblesse provinciale alors que Challe est bourgeois de Paris –, ils sont tous deux des déclassés, en porte-à-faux par rapport à la société et ont de manière différente trouvé dans la littérature un moyen d'échapper à leurs déboires. Tous deux ont écrit des ouvrages jugés subversifs et publié la plupart d'entre eux sans privilège, en Hollande, et sans révéler leur identité, posant ainsi aux historiens de la littérature des énigmes qui ne sont pas encore toutes résolues. Il a fallu attendre les années 1980 pour que leur biographie puisse être esquissée avec suffisamment de certitude.Tous deux ont eu maille à partir avec les autorités, Courtilz a passé à la Bastille plusieurs années, Challe a été exilé à Chartres à la fin de sa vie. Sur le plan des intérêts proprement littéraires, ils ont tous deux le goût des anecdotes et des histoires secrètes et galantes. Courtilz en nourrit son œuvre de polygraphe: ses annales, ses biographies, ses mémoires apocryphes. Challe ne résiste pas au

---

[1]   *J. V.*, p. 499.
[2]   Jean Lombard, *Courtilz de Sandras et la crise du roman à la fin du grand siècle*, PUF, 1980.

plaisir de conter dès son *Journal de voyage aux Indes orientales* des anecdotes de seconde main, telles les histoires galantes des belles de la Martinique et dans ses *Mémoires* il recueille avec passion toutes les histoires scandaleuses ayant trait à la vie particulièrement privée des partisans honnis. A l'instigation de son modèle, Challe, comme je l'ai montré par ailleurs[3], fustige le règne de l'argent au nom de valeurs aristocratiques, comme le fait Courtilz dans toute son œuvre. On retrouve ainsi chez les deux auteurs des points communs dans leur vision de la société, la même nostalgie d'un monde où les valeurs aristocratiques comme l'honneur auraient encore cours et la même conscience aiguë de leur déclin inéluctable.

Mais Challe ne s'est pas contenté de lire Courtilz; il a pu, comme l'a montré Jacques Popin, lui emprunter une «phraséologie qui vaut comme indicateur du ton bourgeois»[4]. Il lui a repris aussi certains épisodes sans du reste le plagier et la manière dont il s'en est servi peut nous permettre de mieux cerner ce qui fait la singularité du génie de l'auteur des *Illustres Françaises*.

Dans l'*Histoire de Dupuis et de Mme de Londé*, lorsque le libertin évoque ses débauches dans l'année qui suit la mort de son père, il donne deux «échantillons» de son comportement scandaleux. Or la deuxième aventure est la reprise d'un épisode qui se trouve dans les *Conquêtes amoureuses du grand Alcandre*, texte de Courtilz qui date de 1684. L'anecdote se retrouve du reste chez Primi Visconti; la voici:

> «Ils [le maréchal de la Motte et ses compagnons, parmi lesquels le chevalier Gripesou alias le chevalier Colbert] firent en ce temps-là une débauche qui alla un peu trop loin et qui fit beaucoup de bruit et à la Cour et dans la Ville: car après avoir passé toute la journée chez des Courtisanes où ils avaient fait mille désordres, ils furent souper aux Trois cuilliers, dans la rue aux Ours. Où étant pris du vin, ils firent monter un Oublieur à qui ils coupèrent les parties viriles et les luy mirent dans son Corbillon. Ce pauvre malheureux se voyant entre les mains de ces Satellites alarma non seulement toute la maison: mais encore toute la rue par ses cris et ses lamentations. Mais quoi qu'il survint beaucoup du monde qui les voulussent détourner d'un coup si inhumain, ils n'en voulurent rien démor-

---

3   R. Francillon, «Challe et le monde des financiers», dans *Autour de Robert Challe*, études réunies par Frédéric Deloffre, Paris, Champion, 1993, p. 217-230.
4   Jacques Popin, *Poétique des* Illustres Françaises, *op. cit.,* t. I, p. 211.

dre, et l'operation etant faite ils renvoyerent le malheureux
Oublieur qui s'en alla mourir chez son maître»[5].

Challe reprend l'anecdote mais la retravaille pour lui donner une
fonction dans l'ensemble que constitue l'éducation sentimentale de
Dupuis. En fait, de Courtilz, il ne reprend que le personnage du marchand d'oublies. Simple utilité dans l'anecdote de Courtilz, chez
Challe l'oublieux devient une vraie figure romanesque à laquelle le
romancier donne une vie intense: d'abord la surprise de voir cette
assemblée de débauchés dans une maison en réfection, puis la tenta-
tion du jeu auquel il se laisse prendre, puis l'étonnement et la peur de
se voir jugé et condamné à être pendu, enfin son évanouissement au
moment du simulacre d'exécution. Challe théâtralise l'épisode en
articulant habilement les diverses séquences de ce récit qui est ainsi
non seulement vivant mais qui remplit une fonction importante dans
l'évolution psychologique de Dupuis, puisque le jeune libertin prend
conscience à ce moment-là des limites de la débauche. La violence
physique des aristocrates de Courtilz fait place ici à une mise en
scène grotesque, à une mauvaise farce d'étudiants qui tourne mal. Si
Challe a modifié le cadre dans lequel se déroule cet épisode – d'une
auberge publique on est passé dans un endroit secret et l'affaire ne
s'ébruite pas – c'est précisément pour lui donner une signification
tout autre que celle qu'elle peut avoir chez Courtilz: alors que ce
dernier veut mettre en lumière les mœurs douteuses des courtisans du
grand Alcandre et leur comportement inhumain, Challe, par la voix
de Dupuis, à la fois acteur et narrateur de cette aventure, en tire une
leçon: «nous nous promîmes bien Gallouin et moi de n'avoir plus de
part à aucun divertissement si dangereux, qui avait pensé coûter la vie
d'un homme»[6]. Le libertinage chez Challe a ses limites, comme l'a
montré Michèle Weil dans sa thèse[7]. Le caractère pédagogique, si
l'on peut dire, de cet épisode challien est encore accentué par le point
de vue narratif: le récit est fait dans la double perspective de Dupuis
protagoniste et de Dupuis narrateur, qui dès le début de son histoire
cherche à donner un sens à son évolution psychologique et qui sait
faire la part du passé et celle du présent.

---

[5]   Courtilz de Sandras, *Les Conquêtes amoureuses du grand Alcandre*, (Lb 37 3853
      BN), p. 67.
[6]   *I. F.*, p. 456. Nos citations des *I.F* sont désormais suivies du numéro de la page.
[7]   Michèle Weil, *Robert Challe romancier*, Droz, Genève-Paris, 1991, p. 232.

Un autre épisode dans cette septième histoire des *Illustres Françaises*, celui de la Récard, est directement inspiré d'un passage des *Mémoires du comte de Rochefort* qui datent de 1688[8].

Chez Courtilz, l'anecdote racontée par Rochefort met en scène le père du narrateur qui n'est donc pas témoin de l'aventure puisqu'il n'était alors qu'un nourrisson. Le récit met en lumière l'opposition entre Paris, lieu de tous les vices, et la Province, entre la bourgeoisie et la noblesse: un gentilhomme campagnard, veuf, cherche à se remarier. Il croit avoir trouvé le bon parti en la personne d'une fille de marchand, riche, belle et sage. Il consulte parmi ses parents le plus considérable, M. de Marillac qui lui reproche de vouloir s'encanailler. Mais ses avis sont inutiles. Un de ses cousins, célibataire venu à Paris pour les noces se rend chez un tailleur, qui, ayant appris pour quelle raison son client voulait se faire habiller, lui révèle que la future mariée a eu un enfant illégitime et que loin de s'être amendée elle fréquente assidûment un lieu de débauche. Le père de Rochefort s'obstine malgré tout, fait établir le contrat de mariage contre l'avis de ses parents. Il faudra qu'il voie de ses yeux la belle prise au piège pour qu'il accepte d'être détrompé et il devra payer sa sottise de trois mille écus car «on ne sort pas facilement des mains des Parisiens»[9].

On peut diviser le récit en cinq séquences:
    1. rencontre de la belle et projet de mariage.
    2. consultation de la parenté et obstination.
    3. découverte du pot aux roses par un tiers.
    4. obstination.
    5. piège et rupture du projet de mariage.

De ces cinq séquences narratives, Challe n'en reprend que quatre:
    1. Grandpré présente sa fiancée à Dupuis qui subodore le caractère lascif de la jeune fille et qui en a la preuve lors de l'épisode de la chienne.
    2. obstination de Grandpré qui ne veut rien entendre.
    3. découverte du pot aux roses chez la Delorme.
    4. piège tendu à la Récard.

---

[8]   Courtilz de Sandras, *Mémoires de M.L.C.D.R.*, Paris, 1688, p. 7-11.
[9]   *Ibid.*, p. 11.

Mais Challe les amplifie et surtout en limitant le nombre des actants à quatre personnages – Grandpré, Mlle Récard, Dupuis et la Delorme –, il parvient à concentrer le récit sur leur comportement.

La différence d'instance narrative est tout d'abord essentielle: le narrateur chez Courtilz raconte une histoire de seconde main sans citer du reste ses sources et son récit est ainsi aplati: nulle mise en perspective: la figure du père devient un personnage comique prisonnier de son idée fixe, têtu comme l'Orgon de Molière, qui doit voir pour croire et qui réagit en pleurant et en prenant la fuite.

Au contraire, chez Challe, le narrateur Dupuis qui raconte cette histoire devant ses amis est en même temps acteur dans l'aventure qu'il peut commenter rétrospectivement et dont il peut souligner l'authenticité en rappelant quels furent ses sentiments au moment de l'action. Les possibilités du double registre, au sens de Jean Rousset, sont constamment mises à profit pour donner au récit son intensité dramatique et psychologique. A propos de l'entêtement des amants, Dupuis recourt à la maxime générale sous une forme du reste comique: «Vouloir désabuser un amant de la bonne opinion qu'il a de sa maîtresse, et cela sur de simples conjectures, c'est vouloir blanchir un nègre de Guinée avec de l'eau claire»(494). Ou encore au moment de l'épisode de la chienne: «On n'a jamais demandé à une fille les dernières faveurs comme on peut demander autre chose: cela vient, comme dit le proverbe, de fil en aiguille»(495).

En outre, le récit fait devant le groupe des devisants est constamment orienté, soit que Dupuis anticipe sur le déroulement des événements pour préparer ses auditeurs à partager sa découverte de la vérité, («comme vous verrez par la suite»(494)), soit qu'il tienne à vérifier que la communication est parfaite entre lui et ses narrataires.

En outre, la perspective du récit est celle de Dupuis personnage; les autres figures romanesques, Grandpré, Mlle Récard et la Delorme sont vues du dehors et ce point de vue unique donne au récit sa direction, sa force et son efficacité dramatique. Chez Courtilz, les arguments de M. de Marillac contre le mariage du père de Rochefort sont d'ordre social: il ne veut pas que son parent s'encanaille dans la bourgeoisie, au contraire de Mme de Grignan qui pensait qu'il fallait du fumier sur les meilleures terres. Il pense que si ces bourgeois parisiens tiennent tant à marier leur fille à un gentilhomme campagnard – race méprisée, comme l'avait illustré Molière dans *Monsieur de Pourceaugnac* –, c'est qu'ils ont peut-être de bonnes raisons de s'en défaire. Challe ne se place pas du tout sur le plan social: Grandpré et Mlle Récard sont tous deux de bonne bourgeoisie et appartiennent au même milieu. Ce qui intéresse le romancier, c'est la psychologie, pour ne pas dire la physiologie féminine. Grandpré présente à son ami Dupuis la jeune femme qu'il se propose d'épouser. Son portrait, comme l'a montré Michèle Weil dans son *Challe romancier*, est stéréotypé[10]: il figure comme emblème annonciateur de son tempérament et la fonction du portrait est d'anticiper sur le déroulement de l'histoire:

> «Elle était d'une taille moyenne; la peau brune et rude; la bouche un peu grosse; mais on lui pardonnait ce défaut en faveur de ses dents qu'elle avait admirables; les yeux bruns et étincelants; un peu maigre et un peu velue; et toujours pâle; tous signes qui montraient son penchant aux plaisirs de l'amour» (p. 494).

Ce portrait fait du point de vue de Dupuis est nettement orienté et prépare le lecteur ou l'auditeur à la révélation qui va suivre, à la différence de ce qui se lit chez Courtilz où la demoiselle est décrite de manière abstraite: «médiocrement belle mais fort bien faite». En la voyant, Dupuis subodore immédiatement qu'elle a du tempérament et, en libertin qu'il est encore à ce moment de son parcours, il s'en assure en lui faisant la cour et en l'amenant ainsi à se trahir: l'épisode de la petite chienne en chaleur, qui ne figure pas chez Courtilz, permet de mettre en lumière les instincts lubriques de Mlle Récard qui est ainsi classée dans la catégorie des femmes qu'on a mais qu'on n'épouse pas. Sachant dès lors à quoi s'en tenir, Dupuis veut empêcher le mariage de son ami en lui ouvrant les yeux malgré lui. C'est lui – et non un tiers indifférent comme le tailleur de Courtilz – qui va découvrir la preuve de ce qu'il avait déjà pressenti; le récit est ainsi rendu plus vraisemblable et le passé libertin de Dupuis qui l'a mis en contact avec la Delorme lui donne un savoir qu'il va utiliser à de bonnes fins. Ayant aperçu Mlle Récard sortir de la maison de passe, il va se transformer dès lors en meneur de jeu et en metteur en scène: la théâtralisation du dénouement de l'histoire est remarquable et préfigure les géométries érotiques de Sade. Courtilz se contente de narrer simplement l'épisode en un paragraphe:

> «[...] il n'en voulut encore rien croire s'il ne voyoit tout de ses yeux. Pour cet efet il s'en fut lui-même dans cet honête lieu, où son argent lui faisant bientôt faire connoissance, on lui

---

[10]   Michèle Weil, *op. cit.,* p. 90.

amena une fille. Il ne voulut point dire qu'il en vouloit une autre, de peur de donner du soupçon. Il la païa même grassement, de sorte que dès le jour même ce fut le meilleur ami du logis. Il y retourna le lendemain, et aiant demandé qu'on lui fît venir quelque chose qui en valût la peine, on lui amena celle qu'il vouloit, ou celle qu'il ne vouloit pas. Car au même temps il se prit à pleurer comme un enfant, et s'en étant allé à l'heure même sans rien dire, il monta à cheval, et s'en retourna chez lui sans voir personne, ni même M. de Marillac»[11].

Dans *Les Illustres Françaises*, l'épisode n'occupe pas moins de huit pages de l'édition Droz. Dans un premier temps, Dupuis met au courant Grandpré de sa découverte. Challe recourt alors à un savoureux dialogue entre les deux compagnons de débauche. Cette première séquence, qui fait ressortir le caractère des deux hommes, l'incrédulité de Grandpré et l'ardeur de Dupuis, l'indignation du premier et l'ironie du second – «votre digne maîtresse dans le temple de Vénus» (501) –, leur complicité dans le libertinage (Dupuis veut lui procurer une fille belle et bien faite, Grandpré refuse sous prétexte de se garder en forme pour la nuit de ses noces qu'il veut «faire passer avec plaisir» à Mlle Récard; après quoi, il pourra voir la demoiselle en question.

L'incrédulité de Rochefort père qui veut voir de ses yeux est ici nuancée, Grandpré passant de la stupeur à l'indignation.

Dupuis ensuite prépare avec soin le piège: il chambre tout d'abord Grandpré pour l'empêcher de se laisser aller à son tempérament impulsif. Il met son valet en sentinelle, organise un semblant de partie carrée pour mettre en confiance la tenancière du bordel, cache Grandpré et la femme appelée en renfort dans la ruelle du lit, ménage les éclairages comme au théâtre pour rester dans la pénombre et n'être pas immédiatement reconnu. Ne manque même pas le rideau que tire la Delorme pour montrer à son client la beauté de Mlle Récard. Ses talents de metteur en scène témoignent de sa capacité à maîtriser le réel. Mais l'acte de comédie dramatique qui constitue alors le dénouement de la pièce ne manque pas d'ambiguïté dans sa richesse même: d'abord dans le comportement paradoxal du libertin moraliste qui veut avant tout humilier sa victime et qui en fait ne se préoccupe pas de la morale publique: c'est la maquerelle qui se met à «catéchiser» la Récard «mieux que le meilleur prédicateur n'aurait pu faire». Chez Courtilz, l'amant détrompé se met à pleurer et s'en re-

---

[11]   Courtilz, *Mémoires de M.L.C.D.R.*, p. 10-11.

tourne immédiatement dans sa province. Grandpré veut tout d'abord se venger en tuant la Récard, puis il s'évanouit. La scène avec ses cris, ses pleurs rappelle l'atmosphère des tragi-comédies ou celle des «Histoires tragiques». Ce n'est pas au nom de principes moraux que Challe condamne le comportement de la Récard, mais à cause de son double jeu.

L'ambiguïté volontaire va encore plus loin: la scène de théâtre se transforme grâce à l'artifice de Dupuis en prison: «j'allai ouvrir la porte à demi à peu près comme le guichet d'une prison» (504). La scène d'humiliation qui suit, avec ses connotations sadiques, préfigure certains passages de la *Justine* de Sade: Grandpré soufflette avec ses gants la jeune femme à sa merci et Dupuis la fait manger et boire sans faim ni soif, lui visite «partout le corps», la traitant «comme une paillasse de corps de garde». Il faut que Grandpré lui demande de laisser la jeune femme pour qu'il abandonne son jeu cruel et, dans toute cette partie du récit, ce qui frappe, c'est le ton assuré du narrateur qui à aucun moment ne remet en question son comportement passé, même si entre-temps Mme de Londé l'a converti à la vertu.

Enfin dans les toutes dernières lignes de l'épisode apparaît le thème challien du secret: l'aventure n'a pas été ébruitée pour préserver l'honneur de Grandpré et si Dupuis la raconte après coup, c'est parce que Mlle Récard, mariée puis veuve, se comporte en «véritable Messaline». Décidément on n'échappe pas à son tempérament dans l'univers challien. Pourquoi dès lors cette opposition entre la violence du châtiment privé et le secret public ? Challe prépare ainsi habilement l'épisode suivant, celui de la veuve tout aussi friande des plaisirs de l'amour que Mlle Récard mais qui reste fidèle à un seul amant et qui a trouvé ce qu'Arnaldo Pizzorusso a appelé «il segreto della libertà»[12].

Alors que chez Courtilz l'anecdote de la jeune fille surprise au bordel a pour fonction de montrer la stupidité du gentilhomme campagnard et l'immoralité des bourgeois parisiens et que cette dimension sociologique est primordiale, l'épisode de la Récard dans *les Illustres Françaises* remplit une tout autre fonction dans l'histoire de Dupuis. Placée entre l'aventure avec Célénie qui parvient à faire croire à son mari qu'elle est vierge et celle de la veuve qui avoue tranquillement ses penchants pour les plaisirs de l'amour, cet épisode qui réaffirme avec force la toute-puissance de l'instinct naturel est là

[12] Arnaldo Pizzorusso, «Challe e il segreto della libertà», in *Prospettive seconde*, Pisa, Pacini, 1977, p. 105-124.

pour condamner le double jeu de la femme: le secret est négatif s'il n'est pas partagé par les deux partenaires et s'il a pour fonction de tromper l'autre. Par la scène de la chienne, Challe illustre à l'avance les propos que tiendra la veuve dans l'épisode suivant lorsqu'elle cite l'*Amphitryon* de Molière où Mercure déclare «que dans les plaisirs de l'amour/ les bêtes ne sont pas si bêtes que l'on pense»(512). Et c'est la raison pour laquelle Mlle Récard, humiliée et punie, est finalement épargnée.

En conclusion, on peut donc affirmer que si Challe a été lecteur de Courtilz de Sandras, il a totalement transformé et recréé les épisodes qu'il lui a empruntés pour leur donner une vie intense et une signification radicalement différente et originale: alors que l'auteur des *Mémoires de M.L.C.D.R.* en reste au niveau de la chronique scandaleuse des mœurs de son temps et se situe sur un plan avant tout social, Challe renouvelle et approfondit la psychologie romanesque en insistant sur la force de l'instinct naturel et sur la violence que peut contenir cette nature lorsqu'elle est refoulée. L'auteur des *Illustres Françaises* jette ainsi une lumière crue sur les contradictions de l'être humain et, dans l'évolution du roman, il a ainsi ouvert la voie non seulement à Prévost, Marivaux et Diderot, comme cela a été déjà abondamment démontré, mais aussi au divin marquis.

Roger Francillon

JE CROIS AVOIR LU TOUTES LES RELATIONS QUI ONT ÉTÉ IMPRIMÉES

Ce qu'il ne dit pas dans son *Journal* imprimé de 1721 où il compare le grand nombre des *Relations* écrites par les jésuites avec la rareté de celles qui proviennent de Messieurs des Missions Etrangères[1], Challe l'avoue dans le *Journal* à Pierre Raymond, où il se montre lecteur assidu des relations de voyage:

> 9 avril 90
> J'ai demeuré fort longtemps à Paris, sans autre occupation que la lecture. Je crois avoir lu toutes les relations qui ont été imprimées, tant sur les terres que sur la religion, mais je ne me souviens point d'en avoir jamais lu de Messieurs des Missions Etrangères, mais oui bien des R.P. jésuites, qui en donnent toutes les années de très exactes et circonstanciées. (f°21v°)

Dans le JPR (*Journal à Pierre Raymond*), Challe cite les auteurs de relation suivants: Linschoten, Choisy, Oléarius, Chaumont, Flacourt et de manière générique, les jésuites c'est-à-dire sans doute Tachard.

Nous voudrions examiner ici sa dette à l'endroit d'une source qu'il avoue à deux reprises dans le *Journal à Pierre Raymond*: il s'agit du Hollandais Jean Hugues de Linschot (Van Linschoten, Linscot), cité deux fois: devant le pic de Ténériffe (11 mars 90, f°7v°) où Challe se fonde sur lui pour dire le pic inaccessible; au passage aller du Cap de Bonne-Espérance (29 mai 90, f°37v°) où Challe se souvient des naufrages qu'a relatés cet auteur. Dans les passages corres-

---

[1] Rien dans le journal de 1721 à la date correspondante, mais allusions voisines (sauf sur le point des relations) au 24 janvier 91, *J.V.* p. 393; *JV21*, t II p. 117.
«Les missionnaires donnent rarement des relations des progrès de leurs missions [...] Les jésuites en donnent très souvent. Elles sont écrites d'un style brillant, amusant et même persuasif tant il est insinuant; mais pourquoi déguisent-ils la vérité?»

pondants de Journal publié en 1721 (respectivement au 8 mars 90, *J.*
V. p. 99; *JV21*, t. I p. 100; et au 29 mars 91, *J. V.* p. 481; *JV21*, t. II
p. 207), le nom de Linschoten a disparu, ce qui prête à interprétation.

I. LES FAITS

A côté de ces mentions un peu vagues, le texte qui nous retiendra
principalement se trouve à la p. 37 de l'*Histoire de la navigation de
Jean Hugues de Linscot Hollandais es Indes Orientales*, Amsterdam,
Henry Laurent, 1610 (l'édition de 1638, Amsterdam, Cloppenburgh,
donne le même texte).

> Il y a aussi cette coutume entre les plus nobles et apparents
> d'entre eux que quand il est question de prendre femme, ils
> sont contents qu'un autre tienne leur place la première nuit. Le
> Roi même suit cette coutume.
> La coutume aussi d'aucuns de ce Royaume est de porter en
> leur membre viril entre la peau et la chair, une petite sonnette
> de la grosseur d'une noix laquelle rend un son fort doux, et
> sert à les retenir de sodomie à laquelle ils sont enclins. Les
> femmes vont presque toutes nues, n'ayant qu'une légère cou-
> verture autour de leurs parties honteuses, laquelle joint si peu
> qu'en marchant elles provoquent les hommes à la lubricité
> pour les détourner de plus grand péché. Quelques-uns ont de
> manière de coudre la vergogne des petites filles, n'y laissant
> qu'une petite ouverture pour les nécessités de nature, jusques à
> ce qu'elles soient parvenues en âge de maturité: Alors l'époux
> fait descoudre [découdre] la sienne: et en tel cas usent de quel-
> que oignement propre à la guérison de la plaie. Ce que j'ai te-
> nu au commencement pour fable, mais j'en ai été informé tant
> par les Portugais conversants en ces lieux-là que par les pro-
> pres naturels du pays qui me l'ont avéré.

Ces traits intéressants se retrouvent encore dans les *Voyages de
Jean Ovington*. Ovington dont le voyage, en 1690, précède de très
peu celui de Challe (qui indique au 3 juillet 1690 qu'ils essaient de
rejoindre des vaisseaux anglais sur la route d'Amzuam, *J. V.* p. 253;
JV21, t. I p. 257), dit insérer ici la relation qu'il tient de Daniel Shel-
don[2]. Challe n'a cependant pas pu connaître ce texte dans sa traduc-

---

[2]   *Voyages de Jean Ovington faits à Surate et en d'autres lieux de l'Asie et de
l'Afrique*, Paris, Ganeau, 1725, II, p. 296. Le texte anglais, *A Voyage to Suratt*,
est édité en 1696, Londres, J. Tonson. Le passage intéressant est le suivant: «Les

tion française. Il est vrai que cette histoire des femmes du Pégu est déjà rapportée par Montaigne[3].
La version qu'en donne Challe est la suivante:

> Mais avant que de sortir du Pégu, il faut que je vous en dise une chose que j'en ai apprise par M. de Quermener, Missionnaire, qui revient en France après dix ans de séjour dans ce pays-ci. C'est qu'un Roi du Pégu, voyant que son royaume se dépeuplait par le peu de commerce que les hommes avaient avec les femmes qu'ils méprisaient pour s'adonner au crime qui attira le feu du ciel sur Sodome et Gomorrhe, ordonna que les femmes pour les inciter à la lubricité iraient désormais nues, excepté une écharpe qui leur prendrait de l'épaule gauche sous l'épaule droite, et qu'elles ne porteraient pour tout autre vêtement qu'un linge qui les couvrirait depuis le dessous du nombril jusques à la moitié de la cuisse, lequel s'ouvrirait sur le devant au mouvement que ces femmes feraient en marchant, afin que la vue de l'objet pût réveiller dans ces hommes infâmes les sentiments que la nature seule inspire. Cela se pratique encore aujourd'hui; ainsi les femmes et les filles y sont communes et ressemblent à des troncs publics, toujours prêtes à recevoir les offrandes du premier venu. Cela me fait souvenir de l'axiome du droit qui dit:
> *Omnis justicia habet in se aliquid ex iniquo, quod utilitate publica rependitur.*

---

habitants du Pégu sont de couleur basanée comme ceux d'Arracan, mais ils sont plus corrompus que tous les autres peuples que j'ai vus, leurs femmes semblent avoir renoncé à la modestie naturelle à leur sexe; elles sont presque toutes nues n'ayant à la ceinture qu'une étoffe claire qu'elles y attachent si négligemment que l'on voit souvent ce qu'elles devraient cacher. Elles nous dirent pour excuse qu'elles en usaient ainsi par les ordres d'une ancienne Reine du pays, qui pour empêcher que les hommes ne tombassent dans de plus grands désordres, leur avait ordonné de se servir de ce moyen pour faire naître en eux des désirs et pour les attirer à elles».
3 *Essais*, III, 5 Sur des vers de Virgile, éd.Villey, p. 860. «[C] Et quoy que dient les femmes de ce grand royaume de Pegu, qui, au-dessous de la ceinture n'ont à se couvrir qu'un drap fendu par le devant et si étroit que, quelque cérémonieuse décence qu'elles y cherchent, à chaque pas on les voit toutes, que c'est une invention trouvée aux fins d'attirer les hommes à elles et les retirer des mâles à quoi cette nation est du tout abandonnée, il se pourrait dire qu'elles y perdent plus qu'elles n'avancent et qu'une faim entière est plus âpre que celle qu'on a rassasiée au moins par les yeux».
La source de Montaigne est Gasparo Balbi, *Viaggio dell'Indie Orientale (1579-1588)*, Veneti, 1590, qui a pu inspirer également Linschoten dont la Relation en néerlandais est de 1596.

> C'est-à-dire que toute sorte d'action de justice a en soi quelque chose d'injuste qui est récompensé par l'utilité publique. En effet, depuis l'exécution de cet ordre, le pays se repeuple et le crime contre nature s'abolit insensiblement. (*JPR* f°103v°)

Ce qui donne dans la version imprimée de 1721:

> Avant que de quitter la terre du Pégu, il faut que je dise une chose que j'ai apprise de M. de Quermener, dont j'ai parlé ci-dessus p. 47. Il revient en France après avoir été fort long-temps dans toutes les Indes et dix ans entiers dans le Pégu en qualité de missionnaire apostolique. C'est que le grand-père du roi qui y règne à présent, voyant que le royaume se dépeuplait par le peu de commerce que les hommes avaient avec les femmes, qu'ils méprisaient pour le crime qui attira le feu du Ciel sur Sodome et Gomorrhe, ordonna que, pour les inciter à un autre usage, les femmes iraient désormais nues, excepté une pagne qui les prend comme une écharpe de dessus l'épaule droite sous l'épaule gauche, et pour tout autre vêtement qu'elles n'auraient qu'un linge qui les couvrirait depuis le dessus du nombril sur les hanches, jusqu'au milieu de la cuisse à peu près comme les trousses de pages; et que ce linge cacherait tout le derrière et s'ouvrirait sur le devant au mouvement du corps, à peu près comme pourrait faire un tablier de cuisine si le derrière était mis devant. Cela se pratique encore aujourd'hui, n'y ayant que le Roi, sa maison, ses officiers et les autres gens de distinction auxquels il soit permis de se marier et de renfermer leurs femmes et de faire boucler leurs filles, comme on boucle une cavale.
> Ainsi les autres filles ou femmes y sont publiques; ce sont de véritables troncs ou égouts de lubricité, toujours prêts à rece-voir l'offrande du premier venu. Depuis que cet ordre s'exécute, le pays se repeuple et insensiblement le crime contre nature s'abolit. Cette prohibition de mariage et l'utilité géné-rale qui en provient me font souvenir de ce que dit Corneille Tacite au sujet des 300 esclaves qu'on fit mourir parce qu'ils n'avaient pas assez bien gardé le sénateur Papirius leur maître pour l'empêcher d'être assassiné.
> *Omnis justitia habet in se aliquid ex iniquo, quod utilitate pu-blica rependitur.* (*J. V.* p. 344-45; *JV21*, t. II p. 69)

En s'emparant de cet épisode, sans avouer qu'il l'emprunte à Linschoten, Challe va être amené à approfondir sa conception du récit de voyage, tout en «s'égayant» sur des sujets «où la pudeur n'est pas toujours assez ménagée», comme le dit l'Avertissement. Nous pourrons ainsi le prendre la main dans le sac et, *flagrante delicto*, en plein détournement de signification.

II. LE JEU DE LA VERITE

Sur le trajet du retour, au passage du Cap de Bonne-Espérance, Challe se souvient sans doute encore des récits de Van Linschoten. Il est alors conduit à une réflexion sur les relations de voyage.

> 29 mars 91,
> Je vous avoue que ce trajet m'épouvante car enfin tant de gens qui en ont écrit et qui en ont fait des relations si horribles ne se sont pas tous donné parole de mentir sur le même sujet. (f°135)

Ce qui devient dans le texte imprimé en 1721:

> 29 mars 91,
> C'est le seul trajet qui nous reste pour être sûrs de notre retour en France. J'avoue qu'il me donne de l'horreur, ne pouvant me figurer que tant de gens qui en ont écrit se soient concertés pour mentir. *(J. V. p. 481; JV21, t. II p. 207)*

On voit le problème: si la concordance et le recoupement des témoignages est un gage de la vérité, toutes les observations inédites et uniques deviennent impossibles à croire. Challe est conduit à se prononcer sur le rapport entre l'inédit, l'invraisemblable, et la vérité.

> Si vous dites qu'on n'a jamais entendu parler d'une chose si étonnante que celle-ci, je vous donnerai la même raison qu'on m'en a donnée, qui est que la chose ne paraissant pas croyable, personne ne s'était donné la peine de l'écrire, non plus que plusieurs autres choses qui, quoique vraies, sont encore moins vraisemblables, de crainte de passer pour imposteur. *(JPR f°122v°)*

Le texte de 1721 confirme:

> Si on dit qu'on n'a jamais entendu parler de choses si éton-
> nantes, je répondrai ce qu'on m'a répondu qui est que cela ne
> paraissant pas vraisemblable, personne ne s'est donné la peine
> de l'écrire crainte de passer pour imposteur. Mais nous, qui
> nous plaignons de n'avoir des pays étrangers que des relations
> mensongères ou imparfaites, savons-nous ce qui se passe sous
> nos yeux? (*J. V.* p. 301-302; *JV21*, t. II, p. 25)

Challe poursuit en rapportant les effets de la dévotion outrée des
femmes stériles pour une statue de saint René à Nantes, dont elles ont
gratté le plâtre si bien que «le bas du ventre est tout mangé et bien
plat».

L'habileté consistera donc à biaiser avec l'idée même de vérification; en nous renvoyant à nos propres aveuglements devant les réalités de notre temps et de notre monde, Challe pose le problème de la
lucidité. Le voyage devient alors en lui-même une école de la clair-
voyance. Restent quelques petites précautions, comme celles des
témoignages, qui constituent une manière acceptable et crédible de
fonder en vérité les observations. Challe se montre très fier de ses
sources. Il est vrai que tous ceux qui exposent l'art de la relation de
voyage se sont penchés sur le problème[4].

---

[4]   Challe se souvient sans doute aussi des prescriptions du géographe du Roi, Du
     Val, que celui-ci a résumées dans l'édition qu'il donne du *Voyage* de Pyrard de
     Laval (*Voyage de François Pyrard de Laval, contenant sa navigation aux Indes
     orientales, Maldives, Moluques & au Brésil: & les divers accidents qui lui sont
     arrivés en ce voyage pendant son séjour de dix ans dans ce païs. Avec une des-
     cription exacte des mœurs, loix, façons de faire, police & gouvernement; du trafic
     & commerce qui s'y fait; des animaux, arbres & fruits, & autres singularitez qui
     s'y rencontrent.* Divisé en trois parties. Nouvelle édition, revue, corrigée et aug-
     mentée de divers Traitez et Relations curieuses. Avec des observations géogra-
     phiques sur le présent voyage, qui contiennent entr'autres, l'Etat présent des In-
     des, ce que les Européens y possèdent, les diverses Routes dont ils se servent
     pour y arriver, & autres matières. Par le Sieur Du Val, géographe ordinaire du
     Roy. A Paris, chez Louis Billaine, 1679.) Voici certaines des prescriptions de Du
     Val.
     «Parce que les choses s'apprennent ou par l'observation propre, qui est la plus
     sûre voie et la plus satisfaisante, ou par la relation d'autrui, autant qu'il lui est
     possible, le voyageur doit préférer la première et n'y épargner ni temps, ni peine,
     ni dépense; & se rapporter de ce qu'il ne peut savoir entièrement, à ceux qui en
     ont plus de connaissance par leur possession [sans doute «profession»]. Par
     exemple, c'est des gens des champs qu'il se faut enquérir de ce qui se cultive de
     fruits, de grains, & de quelle manière, des animaux sauvages et domestiques. Des
     médecins & droguistes touchant les drogues; de ceux qui sont de la Cour ou qui y

J'espère cependant que le lecteur me rendra la justice d'ajouter foi à ce que j'écris lorsqu'il saura par qui j'ai été informé, non seulement de ce que je viens de dire, mais encore d'autre chose bien plus grave et incroyable, qui regarde encore les veuves et les filles de ces brahmènes. Je citerai mon auteur, ou plutôt mes auteurs, lorsqu'il en sera temps. (*J. V.* p. 295; *JV21*, t. II p. 18)

La reprise corrective «mon auteur/mes auteurs» n'est pas un simple ornement: sur ce point, Challe va se livrer à un savant ballet qui donne à réfléchir, en jouant sur le nombre des témoins et sur leur qualité.

Le soupçon naît d'abord à propos de notre passage. L'informateur supposé est, selon *JPR*, M. de Quermener, missionnaire, dont les dix ans de séjour dans ce pays-ci, c'est-à-dire Négrades, garantissent la sûreté de l'information. Il apparaît une première fois sans être nommé, au 26 septembre:

M. de Porrières a été dîner à bord du *Lion*; je n'y ai point été, n'y connaissant personne. Leur aumônier, qui est un Missionnaire, est venu dîner ici et voir M. Charmot. Il me paraît fort pieux, tel qu'ils sont tous. (f°93v°)

Si l'on se fie au *Journal de voyage* (15 novembre 90; *J. V.* p. 344-45; *JV21*, t. II p. 68-69), cette même personne, nommée cette fois «M. de Quermener», n'est plus un aumônier, mais un missionnaire qui accompagne l'aumônier du *Lion*.

---

ont vécu, ou qui sont ou ont été dans des emplois de paix ou de guerre touchant le gouvernement d'autrefois & du présent. Des marchands de ce qui se tire du pays ou y vient d'ailleurs &c, marquant la qualité des personnes, le rapport conforme ou différent de plusieurs etc pour n'asseoir sur cette information qu'une créance proportionnée à l'assurance qui s'y peut prendre.

Il faut bien prendre garde dans ces informations de ne former pas de fausses idées des choses par le malentendu des truchements ignorants ou le peu de connaissance qu'on a de la langue, mais surtout par le rapport de ce qu'on préjuge d'abord être semblable chez nous, à quoi on est fort sujet de s'abuser; ce qui s'évite si on s'informe de plusieurs bien connaissants de la même chose, Si on les sait questionner pour s'en éclaircir parfaitement, & si après cela seulement on en fait comparaison avec ce qui en approche le plus parmi nous; si on en peut tirer par écrit des mémoires de ceux qui sont capables d'en donner de la sorte, il ne le faut pas négliger parce qu'on en profite tôt ou tard, rencontrant un meilleur interprète ou ayant bien appris la langue».

26 septembre,
Le commandeur a été seul dîner au Lion. L'aumônier de ce
vaisseau est venu dîner ici: il a amené avec lui un missionnaire, nommé M. de Quermener, et sont venus ensemble voir
M. Charmot. Ils se sont parlé dans la grande chambre pendant
fort longtemps... (*J. V.* p. 323; *JV21*, t. II p. 47)

Il y a donc dédoublement des témoins, probablement parce que le
témoignage d'un aumônier qui aurait été à bord de l'escadre serait
plus suspect que celui d'un résident. Mais on voit combien il devient
douteux que celui-ci ait été un informateur intime de notre auteur:
leurs relations paraissent bien distantes dans *JPR*.

C'est d'ailleurs l'ensemble des témoignages avancés par Challe
qu'il faut regarder avec une certaine prudence. Je résume ici sous
forme schématique la manière dont il accrédite certains faits observés
à Pondichéry.

coutume de Sati	f° 72v°-73 1 Français sur 4 officiers	*J.V.* 293 ; *JV21*, II 16 2 officiers sur 4
pagode de Villenove	f° 76-76v° lui + 3 Français dont 1 boîteux	*J.V.* 298 ; *JV21*, II 21 lui + 3 Français dont M. de Saint-Paul de la Héronne, boîteux
superstition	f° 79 1 Français = M. de Saint-Paul	*J.V.* 303 ; *JV21*, II 27 2 Français = MM. Cha- landra et du Sault
un régal	f° 80v° 1 des principaux offi- ciers de la Compagnie	J.V. 305 ; *JV21*, 28-29 M. de Saint-Paul

M. de Saint-Paul on le voit, et si on l'ose dire, a fait des petits.
D'autant que, semble-t-il, la vraie source d'information se trouve
ailleurs.

J'aurais bien voulu en savoir davantage, mais le Noir ou esclave, que je faisais interroger par un Portugais qui
m'expliquait tout en latin, n'en savait pas davantage, n'étant
pas de cette côte de Malabare mais de celle de Coromandel où
nous sommes. C'est de lui que je sais ce que je vous ai dit de
Coinda, Mado, de leurs coutumes et de leur religion, et de la
description de la pagode et de l'idole; et comme il est lui-
même idolâtre et qu'il doit être instruit de tout ce qui regarde

> l'idolâtrie, je ne fais point de difficulté de croire ce qu'il m'en a dit et que je vous ai écrit. (f°78v°-79)

Dans le *Journal de voyage* imprimé, tout en reprenant les mêmes arguments, il ajoute à la liste quelques éléments significatifs et notamment celui des pucelages sacrifiés à l'idole.

> ...c'est le même qui m'a instruit de l'histoire de Mado et de Coinda, des brahmènes, de leurs veuves, tant femmes que pucelles, de leurs filles non mariées, et du reste. (*J. V.* p. 303; *JV21*, t. II p. 26)

On admirera les aléas de la transmission du Noir au Portugais, du Portugais à Challe via le latin. Le Portugais vient sans doute de Linschoten lui-même, et c'est là un avertissement précieux car, si l'on se fonde sur le *Journal* de 1721, qui regroupe les deux épisodes priapiques de *JPR*, ce serait donc la totalité des informations sur les pratiques sexuelles de l'Orient qui viendrait par cette voie. La présence dans le *Journal* de 1721 du thème du pucelage sacrifié à l'idole, permet de supposer que c'est ce Noir qui est le véritable inspirateur de tous les développements érotiques du texte. Or nous avons de bonnes raisons de penser qu'il vient en réalité de cette source livresque qu'est le Voyage de Linschot.

III. L'EROTISME

a) Priapes

Il est possible de suivre la manière dont se constitue l'amplification érotique de l'information, à partir de la double occurrence d'un épisode priapique.

Dans *JPR*, en août 90, Challe rapporte d'abord ce qu'il a vu à proximité du fort de Pondichéry: «il y a un morceau de bois, élevé de deux pieds et demi ou environ, et qui représente au naturel la racine du genre humain.»(f°80): il est destiné aux femmes stériles et aussi aux bestiaux.

Plus tard, au moment de quitter Pondichéry définitivement (f°122-122v°), il rapporte ce qu'il sait de l'idole de Villenove (qu'il nomme Coinda par erreur, pour Mado), à laquelle les jeunes mariées vont sacrifier leur virginité et à laquelle les filles de plus de dix-huit ans, non mariées, rendent un culte tout sexuel. Et Challe se prend à rêver sur ce débordement d'activité quotidienne à raison de 50 «religieuses» par pagode. La co-occurrence du mot «démon» avec cette description d'une pagode («ces véritables victimes du démon») se retrouve dans les *I. F.*[5], et réciproquement, la description du «godemichi», dans le *Journal* publié en 1721, amènera une allusion aux religieuses.

Dans ce texte, les deux épisodes sont réunis: stérilité, virginité, veuvage et célibat sont désormais traités de la même façon. Mais partout règne l'amplification, symbolisée par le changement de proportions du priape qui passe de 2 pieds et demi d'élévation à huit pouces sur un cube de 2 pieds, soit donc 2 pieds huit pouces (je renonce bien volontiers aux conversions en centimètres). Challe est devenu fort savant: il connaît le mot «godemichi» et parle maintenant de l'Arétin (au lieu d'Arétin); loin de gommer les traits audacieux, il en rajoute: le texte destiné à la publication est finalement plus osé que le texte à vocation intime, personnelle ou familiale. Il est possible de voir dans cette liberté de ton l'un des motifs de la publication délibérément posthume du *Journal*.

Dans les *Mémoires*[6], il rapporte une anecdote: une mendiante à qui Anne d'Autriche explique qu'elle s'acquitte d'un vœu pour obtenir la grâce d'avoir un enfant, répond «que le chanoine qui les faisait est mort il y plus de trois semaines». Ici, Challe soupçonne malicieusement que la jeune mariée ne reste peut-être pas seule avec l'idole à laquelle elle sacrifie sa virginité.

b) L'adultère

Thème lié à celui de la liberté sexuelle, l'adultère est également à rapprocher des *I. F.* et spécialement de l'attitude de Des Frans (p. 409, 410) et des commentaires des devisants (p. 429-430). La variation entre les deux versions du *Journal* est particulièrement piquante et significative.

> Accordez cela, si vous pouvez, avec [77v°] leur coutume de punir l'adultère de mort et voyez la patience de Coinda de n'avoir pas puni sa femme plutôt que le galant, car pour moi, je vous avoue que je n'y vois goutte. (f°77-77v°)

---

[5]   *I. F.*, voir l'Histoire de Monsieur de Terny et de Mademoiselle de Bernay (notamment p. 147, 152).
[6]   *Mémoires*, p. 70.

> Accordez cela, si vous pouvez, avec leur coutume de punir de mort une femme adultère; et voyez la patience de Coinda de n'avoir pas puni sa femme aussi bien que son amant, et sa prompte réconciliation avec elle: car pour moi, je n'y vois goutte, et je l'avoue. (*J. V.* p. 299; *JV21*, t. II p. 23)

c) La prostitution

Autre thème lié. Cette fois l'implication personnelle est forte, et le système d'édulcoration remarquable. Le témoignage personnel connaît une importante variation. On passe en effet de l'allusion directe:

> Par toute l'Europe, ce sont les femmes qui sont marchandes en gros de filles faciles; ici, ce sont les hommes qui font cet infâme commerce, et il n'y a aucun d'eux qui, pour une roupie, ne prostitue sa fille, sa femme ou sa sœur, qui, de leur côté, se donnent très volontiers aux Blancs ou Européens. Je ne croyais pas que cet abandon allât jusques à cet excès, mais je l'ai vu et je le crois, et si je n'appréhendais de vous offenser, je vous dirais des choses que vous ne croiriez pas. Ne me soupçonnez pas surtout, vous feriez un jugement téméraire; la seule curiosité m'y a porté, mes yeux ont vu, mes mains ont touché, mon esprit s'est contenté, et c'est tout. Si elles avaient été blanches, peut-être y en eût-il eu davantage, mais elles sont noires et trop emportées, et ainsi n'ont aucun agrément pour un homme de bon sens et aussi rebuté des femmes que je le suis, de qui vous savez que je n'ai pas lieu d'être content. (f°74v°-75)

au texte du *Journal* de 1721 qui est en revanche à rapprocher de tel passage des *I. F.* (p. 450) où le père de Dupuis sermonne son fils aîné: «si vous ne craignez point Dieu, craignez les hommes, et surtout les chirurgiens».

Par toute l'Europe ce sont ordinairement des femmes qui sont marchandes en gros et en détail de filles faciles. Ici, ce sont les hommes qui font cet infâme commerce; et il n'y en a aucun qui, pour une roupie, ne vende sa sœur, sa fille, ou sa femme, qui de leur côté s'abandonnent volontiers aux Blancs ou Européens. Qu'on ne s'étonne pas que je parle si savamment et si affirmativement sur ce sujet: qu'on ne fasse point non plus de jugement téméraire; on aurait certainement tort. J'y ai été, mes yeux ont vu, mes mains ont touché: j'ai satisfait ma curiosité; et c'est tout. Si je n'avais pas craint les suites, peut-être n'aurais-je pas été si sage. Je le dis naturellement, ce n'a point été la crainte de Dieu qui m'a retenu; ç'a été, comme en Espagne, celle des chirurgiens. Belle confession! digne pourtant de l'absolution, puisqu'elle est également intègre et sincère. (*J. V.* p. 296; *JV21*, t. II p. 19).

d) Le costume

Dans *JPR*, Challe ne connaît pas très bien le mot «pagne» qu'il esquive[7]: il se contente de parler d'écharpe et de linge. D'autres partagent la même hésitation, comme par exemple Rennefort en 1665[8]: «Sa tête était couverte d'un turban de coton blanc et bleu, et ses épaules d'une sorte de tapis ou d'étoffe informe, qui est mieux connue sous le nom de pagne. Une autre pièce le couvrait depuis la ceinture jusqu'aux genoux»; «L'habit le plus somptueux d'un Madécasse est un pagne sur les épaules et un autre qui le couvre de la ceinture aux genoux». De plus, il semble que Challe se trompe sur le port du costume. Il est à croire qu'il se fonde sur les gravures qui agrémentent le texte de Linschoten et qu'il prend sa droite pour la droite du personnage représenté de face. Dans les gravures de Johannes a Dœtechum, les femmes de face portent toujours le pagne de dessus leur épaule droite vers le dessous du bras gauche.

La version de 1721 va en rajouter, de façon d'ailleurs assez subtile car toujours sur le plan subreptice du vocabulaire. Elle utilise en effet le mécanisme de la connotation avec des phraséologies cachées, en

---

[7]   Voir J. Popin, «Challe observateur du lexique dans son Journal de voyage», *Lorraine vivante* (Mélanges Lanher), Nancy, Presses Universitaires, 1993, p. 403-409.

[8]   Nous citons d'après l'*Histoire générale des voyages*, Paris, Didot, 1750, T. XXXII, p. 248 et 360.

introduisant les termes suggestifs de «trousses», «tablier» et «boucler».

TROUSSES, d'après Furetière: «Espèce de haut de chausses relevé qui ne pend point en bas, qui serre les fesses et les cuisses, tels qu'étaient ceux qu'on portait au siècle passé. On le dit plus ordinairement au plurier. Quand on présente les pages au Roi, ils ont leurs trousses et on dit qu'ils ont quitté les trousses quand ils sont sortis de page».

Mais l'intérêt véritable du terme se trouve dans:

«On dit aussi qu'une femme s'est laissé trousser la jupe pour dire qu'elle a fait faux-bond à son honneur».

Même procédure avec:

TABLIER: «Pièce d'étoffe ou de toile que les femmes mettent devant elles pour se parer... On portait autrefois des tabliers au devant des jupes, de la même étoffe que le bas de la robe. Est aussi ce qu'on met devant soi pour conserver ses habits. Les servantes ont des tabliers de cuisine de grosse toile...»

Phraséologie:

«On dit proverbialement qu'une fille a crainte que le tablier lève quand elle se défend des poursuites amoureuses qu'on lui fait».

Sur quoi vient se greffer, on l'a vu p. 100, une intéressante utilisation du verbe «boucler».

n'y ayant que le Roi, sa maison, ses officiers et les autres gens de distinction auxquels il soit permis de se marier et de renfermer leurs femmes et de faire boucler leurs filles, comme on boucle une cavale.

Cette dernière expression est relevée par Furetière:

BOUCLER: «Fermer avec une boucle. On boucle les juments quand on les veut empêcher de concevoir en leur fermant la nature avec une boucle».

Deux observations s'imposent:

– A l'article BOUCLE, Furetière relève: «En termes de Marine signifie Mettre ou tenir sous clef ou en prison. On a mis ce matelot sous boucle. Les Capitaines doivent arrêter et tenir sous boucle les soldats et compagnons coupables de crime pour au retour les livrer à la Justice».

– Le verbe BOUCLER, au sens d'enfermer, n'apparaîtra cependant que dans Bescherelle.

C'est donc bien au sens vétérinaire du terme que nous devons cette observation de Challe, même si elle a pu être contaminée par le sens spécialisé en marine. Cette allusion signe sa dette envers Linschoten, le seul à évoquer une pratique de ce genre. Deux brouillages historiques sont cependant perceptibles.

– Ce trait n'apparaît que dans la version imprimée et pourrait donc être relativement tardif et correspondre à une relecture ultérieure de Linschoten.

– Quelque chose de semblable se rencontre pourtant dans la *Continuation du Don Quichotte*, avec la ceinture de chasteté du jaloux trompé (ch. LI, p. 225 sqq.), ce qui nous ramène évidemment à une date plus proche de celle du voyage.

e) Les danses érotiques

Si Challe, comme on l'a vu plus haut, est gêné parfois par le mot «pagne», c'est qu'il lui attribue justement des vertus érotiques particulières. Il est amené en effet, après d'autres, à rendre compte des danses lascives en usage en Orient. Il le fait à peu près dans les mêmes termes dans les deux versions du *Journal*.

> Août 90
> Ces infâmes n'ont pour tout habillement que des pagnes ou pièces de toile qui leur couvrent depuis le nombril jusques à moitié de la cuisse, ont les bras pleins de colliers et le col aussi, et les doigts et les oreilles chargés d'anneaux et de bagues d'argent, d'or ou de cuivre; et du reste, elles sont toutes nues. Elles portent à la main gauche une espèce de tambour de basque, et dansent tant que les conviés veulent. (*JPR* 79v°)

En 1721 le texte devient:

> (janvier 91)
> Au milieu de ce dessert parurent huit filles fort blanches, belles et bien faites, couvertes de pagnes fort légères, ayant le col, les bras et les jambes chargées de carcans[9], bracelets et chaînes d'or, et aux oreilles et aux doigts des bagues fort larges, enrichies de pierreries. Pour faire honneur au maître du logis, chacun de nous devait en prendre une à son choix, et en faire ce

---

[9]   Carcan: Vieux mot qui signifiait autrefois un collier ou une chaîne de pierreries que les femmes portaient sur la gorge, qu'on appelait aussi jaseran. (Furetière)

qu'Adam fit d'Ève lorsqu'il planta le genre humain. Jusqu'à ce qu'on se soit déterminé, ces filles dansent d'une manière à n'inspirer que... ayant à leurs mains de petits tambours de basque et des castagnettes dont elles jouent fort agréablement. (*J. V.* p. 402-403; *JV21*, t. II p. 127)

On comprend bien ce qu'est la technique de l'amplification, mais le point fort est ici l'aposiopèse. Y a-t-il eu censure du texte ou Challe a-t-il cherché en vain le terme qui lui était nécessaire? Si la seconde option est la bonne, cela signifierait donc que la mise au point de la compilation destinée à être publiée chez Abraham de Hondt a lieu vraiment pendant les derniers temps de la vie de Challe.

Les passerelles sont donc nombreuses entre les diverses parties de l'œuvre: il y a en effet interpénétration réciproque entre le *Journal* dans ses deux versions, et les autres textes, romanesques ou autobiographiques. Reste à voir comment cette écriture et cette réécriture du *Journal* se combinent avec la rédaction des *Difficultés*.

IV. LA CAPTATION

Les sources hésitent sur l'auteur de la loi: était-ce un roi ou une reine? Challe choisit plutôt le Roi et précise le rapport à la situation d'aujourd'hui. Il y a mise en scène et tentative d'historicisation. Une reine eût-elle été suspecte?

Dans *JPR*, Challe étaie sa réflexion par ce qu'il nomme un axiome de droit.

> Cela me fait souvenir de l'axiome du droit qui dit:
> *Omnis justicia habet in se aliquid ex iniquo, quod utilitate publica rependitur*
> C'est-à-dire que toute sorte d'action de justice a en soi quelque chose d'injuste qui est récompensé par l'utilité publique. (*JPR* f°103v°)

Dans le texte de 1721, il y a captation par la citation de Tacite, ce qui conduit à des enjeux fondamentalement différents.

> Cette prohibition de mariage et l'utilité générale qui en provient, me font souvenir de ce que dit Corneille Tacite au sujet de trois cents esclaves qu'on fit mourir parce qu'ils n'avaient

pas assez bien gardé le sénateur Papirius, leur maître, pour l'empêcher d'être assassiné[10].

Omne magnum exemplum habet aliquid ex iniquo, quod contra singulos utilitate publica rependitur (= Toute punition exemplaire comporte quelque iniquité envers les particuliers, qui est compensée par l'utilité publique.) (J1721, *JV21*, t. II, p. 69)

Les légères modifications apportées transforment la pensée. On part de l'idée banale que toute loi peut avoir ses inconvénients[11]. Mais dans le texte de 1721, le débat est complètement situé cette fois dans l'opposition entre l'intérêt particulier et l'intérêt général. Dans les *Difficultés*[12], l'idée apparaît encore déformée puisqu'il s'agit cette fois d'une réflexion sur cette punition collective que constitue le péché originel, qui n'est en rien comparable à ces lois d'exception[13] et qui se trouve rejeté hors des conceptions humaines.

Si quelques lois humaines ont étendu la punition du crime d'un esclave sur tous ses camarades, ce n'est pas qu'on n'en vît l'injustice, mais on a cru cette injustice nécessaire pour retenir les hommes en certains cas; on voulait que les esclaves veillassent les uns sur les autres pour s'opposer au désespéré qui pouvait attenter sur son maître.

Ce n'est pas pour la réparation du crime passé que l'on pousse ainsi la punition, c'est pour le prévenir.

Ce ne peut avoir lieu pour le prétendu péché d'Adam. Pouvons-nous dire que nous soyons formé à l'image et ressemblance de Dieu. Nous voyons comme horrible ce qu'il voit comme très saint. (A)

---

[10]   Il s'agit exactement, selon Tacite (*Annales*, XIV. XI. IV), du préfet de Rome Pedanius Secundus, dont l'assassinat entraîna le châtiment de 400 esclaves.

[11]   Ce que disait déjà Montaigne, éd. cit., L. II, ch. 20, p. 675: «Les lois mêmes de la justice ne peuvent subsister sans quelque mélange d'injustice; et dit Platon que ceux-là entreprennent de couper la tête de Hydra, qui prétendent ôter des lois toutes incommodités et inconvénients. *Omne magnum exemplum...* etc.

[12]   *Difficultés*, p. 250 A et B.

[13]   Idée développée par Montesquieu, *Esprit des lois*, XV, 16, Pléiade, t. II, p. 503. «Toutes ces lois avaient lieu contre ceux mêmes dont l'innocence était prouvée, elles avaient pour objet de donner aux esclaves pour leur maître un respect prodigieux. Elles n'étaient pas dépendantes du gouvernement civil mais d'un vice ou d'une imperfection du gouvernement civil. Elles ne dérivaient point de l'équité des lois civiles, puisqu'elles étaient contraires aux principes des lois civiles. Elles étaient proprement fondées sur le principe de la guerre, à cela près que c'était dans le sein de l'état qu'étaient les ennemis. Le sénatus-consulte silanien dérivait du droit des gens, qui veut qu'une société, même imparfaite, se conserve.»

Si quelques lois humaines ont étendu la punition du père sur les enfants, et d'un esclave sur tous ses compagnons, ce n'est pas qu'on n'en vît l'injustice. Mais on a cru cette injustice nécessaire pour retenir les hommes en certaines occasions où ils auraient pu risquer leur propre vie sans peine: ce qui ne se peut dire de la damnation éternelle. On craignait aussi que les enfants ne se portassent à venger le supplice de leur père, et on voulait que les esclaves veillassent les uns sur les autres, et s'opposassent au désespoir [sic] qui pouvait attenter sur le maître.

Ce n'est pas tant pour la réparation du crime passé qu'on pousse la punition à cette extrémité, que pour prévenir les autres et empêcher qu'il ne s'en commette plus de semblable à l'avenir.

Ce qui ne peut sembler avoir lieu dans le péché originel puisqu'aucun homme ne sera jamais dans la situation d'Adam, ni en état de tomber dans un tel forfait. Avec une telle pensée de notre justice, nous ne pouvons pas dire que nous soyons formés à l'image et ressemblance de Dieu, puisque nous voyons comme horrible ce qu'il voit comme très juste. (B Extrait LV)

Challe revoit son *Journal de voyage* pour l'édition, en même temps, ou après les *Difficultés*. Sa pensée est alors dominée par une autre interprétation de ce qui a constitué sans doute un problème du droit dont il a reçu l'enseignement: les lois d'exception.

L'ensemble de nos observations peut paraître disparate: elles sont cependant réunies paradoxalement autour du problème de la vérité. L'invraisemblable érotisme de l'Orient est posé comme un cas limite de la vérité, fondée sur la caution que lui apporte le voyageur affranchi de tout préjugé. Désormais doté d'une lucidité sans faille, capable de mesurer ce qui outrepasse la portée banale de nos conceptions ordinaires, lui seul est en droit de dire, contre toutes les théologies, la condition humaine.

Jacques Popin

LE MONDE DE LA FINANCE DANS *LES ILLUSTRES FRANÇAISES* ET DANS LES *MÉMOIRES* DE ROBERT CHALLE.

Dans la communication sur les *Difficultés sur la Religion*, que j'ai présentée au colloque de Chartres de 1991, j'ai avancé au moins une erreur [1]. Prosper Marchand évoquait dans l'article de son *Dictionnaire Historique* [2] consacré à Challe un manuscrit «de la même écriture que le *Journal de Voyage*», où il avait trouvé «une espèce de chronique scandaleuse de quantité de familles de Paris, parmi lesquelles celles de Financiers, Partisans, Maltôtiers etc. n'étaient nullement oubliées». Contrairement à ce que j'avais alors supposé, il ne s'agit nullement des *Illustres Françaises*, mais bien évidemment des *Mémoires*: Marchand a en effet lu dans ce texte que les Deschiens, cette illustre famille de financiers, devaient leur nom au «commerce d'un chien avec une servante ou fille de chambre». Et cette anecdote, qu'A. Augustin-Thierry a censurée dans son édition des *Mémoires* de Challe, se trouve dans le manuscrit de ces *Mémoires* conservé à la Bibliothèque Nationale [3] et dans l'édition que Frédéric Deloffre vient d'en donner.

Il est vrai que sur les trente-quatre chapitres de cet ouvrage quinze sont consacrés aux gens de finances, ces «scélérats tirés de la plus basse lie du peuple» [4]. Challe y rappelle que Barbezieux voulait taxer tous les maltôtiers [5]. Il y évoque avec une rage teintée d'ironie les grands noms de la finance à la fin du règne de Louis XIV – Deschiens certes, mais aussi Jean Thévenin, Le Normant, Bourvalais, Miotte, Le Normant, Hainault, Legendre, Crozat, et bien d'autres. Il les dépeint comme des sangsues. Il nous explique que Paul Poisson dit Bourva-

---

[1]   «Les *Difficultés sur la religion*, ou les mystères de la biographie», dans *Autour de Robert Challe, op. cit.,* p. 271-282.

[2]   Ou «Mémoires critiques et littéraires», La Haye, Pierre De Hondt, 1758.

[3]   Ms. B.N. fds fr. N. Acq. 13799; voir aussi *Mémoires*, p. 235-237.

[4]   *Mémoires*, p. 290.

[5]   *Ibid.*, p. 408, sv.

lais fut laquais chez Thévenin, que Miotte fut laquais et palefrenier, que Le Normant fut laquais de Montmarqué... Il reprend ainsi l'un des grands mythes des moralistes et des pamphlétaires du temps de Louis XIV – le mythe du financier-ancien laquais, qui sert, comme l'ont montré Daniel Dessert[6] et Roger Francillon[7] les hommes au pouvoir et s'est trouvé répercuté par Chappuzeau, par La Bruyère, par Dancourt, par Lesage.

Il faut rappeler l'extraordinaire scénario que trace Vigneul-Marville: «La pluspart des maisons en France se font par le négoce et par l'usure. Elles se maintiennent quelque temps par la robe et s'en vont par l'épée». Quand les gentilshommes voient leurs châteaux tomber en ruines, ils envoient leurs enfants en sabots travailler à Paris. Devenus laquais, ils remontent. «Ainsi va le monde circulant toujours et passant de la roture à la noblesse et de la noblesse à la roture sans discontinuiter»[8].

Les gens d'Eglise, les gens de robe, les grands seigneurs surtout, se plaisent à répéter que les traitants, dont ils sont contraints de faire la cour, sortent du néant. «Le règne de M. Turcaret est fini, le mien va commencer», s'écrie Frontin à la fin de *Turcaret*.

Rien de tout cela n'est innocent. Les ministres jugent parfois utile de faire rendre gorge aux traitants. En 1665, en 1700, en 1716, on installera des chambres de justice pour les taxer, voire confisquer leurs biens. On y songe en 1708 au fort de la guerre de succession d'Espagne, quand les caisses sont vides et les soldats affamés.

C'est ainsi que s'explique Turcaret, créé le 13 octobre 1708 en dépit de la résistance des financiers, qui parviennent à l'étouffer après sept représentations. C'est ainsi que s'expliquent tous les libelles contre les financiers, qui paraissent de 1707 à 1710, la *Nouvelle Ecole publique des Financiers ou l'art de voler sans ailes par toutes les régions du monde*[9], *Les Partisans demasquez*[10], *Pluton maltôtier*[11], *Les Tours industrieux, subtils et gaillards de la maltôte*[12], *L'Art de plumer la poule sans crier*[13].

---

[6]   *Argent, pouvoir et société au Grand siècle*, Paris, Fayard, 1984.
[7]   «Challe et le monde des financiers, dans *Autour de Robert Challe*, op. cit., p. 219-221.
[8]   *Ibid.*, p. 220.
[9]   Paris, Robert le Turc, 1707.
[10] Cologne, Adrien l'Enclume, gendre de Pierre Marteau, 1707.
[11] Cologne, Adrien l'Enclume, gendre de Pierre Marteau, 1708.
[12] Paris, Michel le Plagiaire, 1708.
[13] Cologne, Robert le Turc 1710.

Les trois premiers de ces pamphlets – *La Nouvelle Ecole, Les Partisans demasquez, Pluton maltôtier* – n'en forment qu'un. Un certain Bruno est monté de Rouen à Paris. Il y a fait fortune et, devenu un opulent financier, s'est adonné au libertinage et à la débauche. A cinquante ans, un fantôme vient l'avertir qu'il va mourir de mort violente, s'il ne change immédiatement de vie. Il se fait donc ermite au Mont-Cenis, où il n'emporte que trois cents à quatre cents pistoles, quelques livres et quelques feuillets. Quand il meurt, on remet à son frère, un jeune mousquetaire, la cassette qui contient ses papiers. Le mousquetaire y trouve un manuscrit rédigé par Bruno avant sa retraite, où sont enchaînées des leçons de finance et des leçons de galanterie. En 1706 le jeune homme est tué à Ramillies, et le papier de Bruno tombe aux mains d'un homme moins discret, qui se décide à le publier.

Telle est la fiction qui introduit les trois pamphlets. On y trouve évidemment une série de ragots sur les plus illustres maltôtiers du temps, et sur Mme Ulrich «la plus lubrique du siècle», maîtresse de Dancourt «jeune homme beau, aimable, spirituel et bien fait»[14]. On y trouve aussi le sinistre *Mémoire envoyé par Pluton à Deschiens*, où sont énumérés 9362 morts, parmi lesquels 595 paysans «victimes de la faim, de la misère et de la pauvreté», et 92 femmes et 34 filles «entretenues par les partisans mortes de debauches & d'excès»[15]. On y rencontre aussi les guillerettes *Conventions faites par les Amans de Madame Dumont & de Madame de Romainville sa fille*: les deux dames reçoivent de l'argent des financiers Cousin, Berarque, Thévenin, Desbuttes, Le Camus, et elles en donnent aux séduisants La Luzerne, Dumont, Beautemps...[16]. Dans la préface de *Pluton maltôtier* l'auteur annonce franchement ses intentions: «déchiffrer par merveille toute la France et faire connoistre à la Republique Françoise toutes les friponneries qui lui sont faites sous ses yeux»[17], et Pierre Deschiens est le protagoniste de cet opuscule. Il mourut en 1705, et nous le voyons ici agoniser sur son lit, âgé, nous dit-on, de 80 ans et plus; il attend la mort avec sérénité, voyant à ses côtés ses deux fils, Lussy, qu'il juge bête comme un cheval, et le chevalier en qui il place ses espérances. La mort approche; elle va l'emporter dans l'empire de Pluton, où sa sœur, devenue la favorite de Proserpine, est fort res-

---

[14] *Pluton maltôtier*, p. 134-137.
[15] *Ibid.*, p. 76-98.
[16] *Les Partisans demasquez*, p. 147-154.
[17] P. IV.

pectée. Devant Minos, Éaque et Rhadamante, les juges des Enfers, on retrace sa carrière. Né en Champagne, il fut protégé par Colbert, qui le fit un jour incarcérer, puis le libéra. Il parvint à une immense fortune. On lui prête tout un ensemble de projets pour sauver le royaume – faire fondre les cloches, confisquer les biens des moines, doubler la capitation, interdire le luxe, fermer les universités et les collèges...

Ces trois textes sont pleins d'esprit. D'un esprit qui évoque souvent *Les Illustres Françaises*. Ainsi quand un libertin se confie: «Je vous dirai que ne me sentant point d'inclination pour le mariage, j'amusai *Marianne* quelques années lui donnant toûjours de belles esperances qui la flattoient beaucoup»[18] – ou dans ces conseils que la jeune Marianne donne à son amant, quand une enquête a révélé qu'il avait dissimulé nombre de ses recettes: «Vous connoissez le Bailly parfaitement, il est de vos amis, vous joüiés souvent au piquet ensemble, dans une affaire aussi pressante qu'est la vôtre, il faut prendre le mal par la racine»[19].

Deschiens devient premier ministre de Pluton. Ce qui l'amène à signer l'approbation de *Pluton maltôtier*. Il reparaîtra avec la même charge dans *La Musique du Diable, ou le Mercure Galant dévalisé*, un libelle publié en 1711 et dirigé non pas, comme les précédents, contre les financiers, mais contre Donneau de Vizé et Dufresny, qui lui succéda à la direction du *Mercure*.

Ces textes ressemblent aux *Illustres Françaises*. On n'y retrouve pas seulement la même verve, ce ton de confidence un peu narquois, un peu cynique. Si *Pluton maltôtier* peut se regarder comme un conte burlesque, où paraissent Proserpine, Cerbère et Astarot, si *Les Partisans demasquez* adoptent le ton hargneux, voire rageur, d'un pamphlet, la structure de *L'Ecole des Finances* est celle-même des *Illustres Françaises*: «Il y a quelques années qu'étant à Paris logé chez un de mes amis au quartier du Marais, nous avions dans notre voisinage un partisan nommé *Velando*, qui par son train et ses équipages extraordinaires surpassoit et par sa table, et ses dépenses excessives tout ce qui se voioit à la Cour et à la Ville». L'ami du narrateur, c'est La Morandière, qui lui conte l'histoire de *Velando*[20]. Les deux héros se retrouvent la nuit dans la belle maison de *Neromont*, qui leur narre ses amours avec Mlle Mariel, une chanteuse de l'opéra[21]. Puis Du

---

[18] *L'Ecole des Finances,* p. 57.
[19] *Ibid.*, p. 62.
[20] *Ibid.*, p. 14.
[21] *Ibid.*, p. 43-54.

Mottay, le frère de La Morandiere, quand ils sont revenus à Paris, leur expose son histoire[22]. On les revoit assis sur des sièges de gazon; *Miromont* leur raconte comment il fut moine sous le nom de frère Laurent avant de devenir un opulent financier[23]. Nous avons encore l'histoire de Raymond, dit le Démon, soit Pierre Raymond, l'oncle de Challe, et celle de Garot de Paloizel, puis celle de Soëre. Entre ces récits les amis se retrouvent pour converser, banqueter jusqu'à l'aube, se déplacer à travers Paris et ses environs. C'est exactement ce que nous offrent *Les Illustres Françaises*, et le ton romanesque, ce ton presque stendhalien, qui suppose des surprises, des espérances, une sorte d'hymne au temps et au hasard, se retrouve dans *L'Ecole des Financiers*: «(Etant à pied, sans valet) Raymond, honteux extrémement de paroître dans un pareil équipage, dit au Curé, qu'il avoit été assez malheureux en allant à Roboise en batteau de se trouver avec une compagnie de coquins qui l'avoient voulu voler et contre lesquels il s'étoit battu toute la nuit, qu'heureusement il en étoit réchappé, qu'il croioit en avoir tué quelqu'un, qu'il n'en étoit pas bien seür, mais que cela ne l'inquiétoit guere: le bon homme de Curé le croiant trés-pieusement le consola du mieux qu'il lui fut possible»[24]. Même rythme, même charme, dans certains passages des *Partisans demasquez*: «J'étois un jour à la messe à Notre Dame, et comme je sortois de l'église une femme trés propre, mais un peu âgée, vint se jetter à mon col, et m'embrassant tendrement, me fit des caresses qui me causerent le dernier etonnement...»[25].

Allons-nous tenter une attribution téméraire et reconnaître la main de Challe dans ces pamphlets? Il n'est assurément aucune preuve. Deschiens est plus mal traité dans *Pluton maltôtier* que dans les *Mémoires* de Challe, où il est présenté comme «un de ces esprits transcendants et capables de tout»[26]. Mais ni la sensibilité ni «l'économie», selon le mot de l'écrivain, des *Illustres Françaises,* ne sont radicalement originales. Si Challe n'a pas écrit ces pamphlets il aurait pu le faire, et si l'auteur de ces pamphlets n'a pas écrit *Les Illustres Françaises*, il en aurait été capable.

Dans le mémoire de Pluton inséré dans *Pluton maltôtier*, est cité «un Avocat mort de la fâcheuse maladie, pour avoir feuilleté des

---

[22] *Ibid.*, p. 55-77.
[23] *Ibid.*, p. 77-101.
[24] *Ibid.*, p. 147.
[25] *Les Partisans demasquez*, p. 104.
[26] *Mémoires*, p. 244.

livres defendus, à qui il s'étoit beaucoup plus occupé qu'à ceux de Droit»[27]. La note le nomme: «C'est l'avocat Challes». Est-ce Robert Challe, qui, en effet, se présente toujours comme «avocat»? Ou un autre Challe, ce qui n'aurait rien d'invraisemblable? Si c'est lui, il faut supposer ou une erreur grossière, puisqu'il ne rendit l'âme qu'en 1721? Ou une plaisanterie, qui après tout lui irait assez bien, s'il avait lui-même écrit ces pages?

Il demeure que le roman est plus soigné, plus poétique, plus mélancolique aussi, que ces libelles si hâtifs et si plaisants. Les financiers ne sont pas absents des *Illustres Françaises*, et il n'est pas toujours impossible, comme l'ont montré Roger Francillon, Jacques Popin et Frédéric Deloffre, d'en présenter des clefs acceptables. Bernay est le «fils d'un homme puissamment riche»[28], et il a deux sœurs que son père a placées chez les nonnes et qui se refusent toutes deux à prendre le voile. Dans *Pluton maltôtier* paraît le richissime Pierre Cousin: il a élevé son fils en «grand seigneur», et ce serait Bernay; il a mis deux de ses filles à l'Abbaye aux Dames; elles se rebellent, et l'aînée parviendra à persuader son père de la laisser épouser le marquis de Lingesures[29]. Contamine, dans *Les Illustres Françaises,* est issu d'une famille qui s'est illustrée dans la robe plus encore que dans l'épée, mais sa mère est la fille d'un «partisan puissamment riche»[30]. Jussy est voué au barreau, comme toute sa famille; il fréquente chez M. d'Ivonne, qui est «puissamment riche» et dont la nièce, orpheline, «fille unique et très riche» est éduquée parmi ses enfants[31]. L'avocat s'éprend de la jeune fille, Babet Fenouil, et parviendra à l'épouser. Faut-il songer à René Choppin, avocat, fils d'avocat, ami de Challe, qui se maria avec la nièce de Deschiens? Des Frans a deux oncles traitants, ce qui évoque évidemment Challe lui-même et les Raymond qui le protégèrent.

Il n'est donc pas impossible que plusieurs figures illustres de maltôtiers – à peu près les mêmes que dans les *Mémoires* et dans les pamphlets de 1707-1710 – se retrouvent dans *Les Illustres Françaises*: Deschiens, Choppin, les Raymond, Cousin.

Certes, Challe souligne l'enrichissement un peu trop spectaculaire des oncles de Des Frans, qu'il oppose à la médiocrité où languit sou-

---

[27] *Pluton maltôtier*, p. 79.
[28] *I. F.*, p. 142.
[29] *Pluton maltôtier*, p. 235-243.
[30] *I. F.*, p. 81.
[31] *Ibid.*, p. 187.

vent la noblesse d'épée[32]. Certes, la princesse de Cologny vient comme une bonne fée unir Contamine et Angélique, convainquant la mère de Contamine d'oublier l'écart des fortunes. La haute noblesse – les princes et les ducs – incarne la générosité, et même une sorte de providence, parmi les désunions ou les drames qu'entraîne l'argent. Challe, qui dans ses *Mémoires* se veut homme d'épée, a placé en haut de ses histoires, comme en haut de tableaux un peu trop réalistes, la lumière et la grâce d'une noblesse, qui paraît à demi imaginaire. Ce n'est sûrement pas l'aristocratie réelle, celle des romans de Mme de Lafayette, des lettres de Mme de Sévigné, des *Mémoires* de Saint-Simon, que nous allons retrouver ici. Mais l'aristocratie telle que peut la rêver un humble avocat, qui a grandi parmi les traitants...

Toutefois cette apologie de l'aristocratie et de ses valeurs ne tourne jamais en satire de la finance. Nous chercherions en vain dans *Les Illustres Françaises* les caricatures des *Mémoires* et des pamphlets. Être «puissamment riche» – puisque c'est l'expression rituelle – ne saurait peut-être compenser une naissance obscure. La Robe et surtout l'Epée l'emportent évidemment sur la maltôte. Mais celle-ci n'est nullement déshonorée. La richesse n'est pas la plus haute valeur; elle n'est pas pour autant méprisable, et le nom même de «M. d'Ivonne» indique qu'on peut passer de la finance à la noblesse...

Aussi pouvons-nous rester perplexes et nous demander pourquoi la finance est tellement insultée dans les *Mémoires* et si peu dans *Les Illustres Françaises*. Ce paradoxe s'expliquerait-il par la biographie de Challe? Il note, en effet, dans les *Mémoires*: «Je connais (...) cette misérable canaille par le tort qu'elle m'a fait en même temps qu'à toute la France»[33]; et il n'est pas impossible qu'après avoir bénéficié de la protection de ses oncles, il se soit jugé mal traité, en tout cas mal considéré, par les gens d'argent. Un incident, qu'il est difficile de déterminer, se serait produit entre les années où il écrivait *Les Illustres Françaises*, soit 1710 environ, et l'été ou l'automne 1716, qui le virent rédiger ses *Mémoires*.

Rien d'invraisemblable à cela, mais c'est un peu trop romanesque, un peu trop romantique même. Les écrivains du dix-septième ou du début du dix-huitième siècles ne sont pas des idéologues éloquents, comme le seront Lamartine ou Victor Hugo, qui font de leur prose ou de leurs vers des truchements de leurs évolutions mentales.

---

[32] *Ibid.*, p. 299: les finances et les partis, «où la fortune est toujours plus ample, et plus avantageuse par les richesses...»
[33] *Mémoires*, p. 290.

Il est plus sage de considérer que, comme beaucoup d'autres écrivains, Challe n'est venu à la littérature que quand il eut échoué dans les autres voies qu'il avait empruntées pour faire fortune. Les pamphlétaires de 1707-1710 (en qui rien n'oblige à reconnaître Robert Challe) ont été certainement stipendiés pour vomir tant d'injures sur les financiers et encourager ainsi la répression de leurs abus et des procédures pour leur faire rendre gorge.

La première Régence, toute teintée de fénelonisme, créa une chambre de justice, qui commença de fonctionner en mars 1716. C'est alors – peut-être un ou deux mois plus tard – que Challe rédigea ses *Mémoires*. Il lui arrive d'y mentir sur lui-même et il s'abandonne avec une sorte de fureur à la dénonciation des traitants. Ce qu'il compose, ou plutôt ébauche, ce ne sont pas vraiment des *Mémoires*. C'est un libelle à allure autobiographique pour appuyer l'épuration qu'ont décidée le régent et ses proches. Cette politique va échouer. La chambre fonctionne mal, se prête à des compromis plus ou moins iniques, et finalement perd le soutien de l'opinion. On la supprime en mars 1717. Le 5 juin, Challe est incarcéré, et le 12 août exilé à Chartres, où il finit sa vie dans l'indigence. A-t-il encore une fois, comme si souvent dans sa vie, commis une bévue en s'engageant trop violemment contre les financiers, qui tôt ou tard étaient destinés à redevenir les plus forts? On a dû le pousser dans cette voie, et puis il n'a pu échapper au retour de bâton. C'est le triste sort des écrivains, comme des philosophes du siècle des lumières, ou des journalistes de tous les temps, que d'être engagés sur des chemins périlleux, peut-être sans issue.

La genèse des *Illustres Françaises* dut être tout autre. Ce ne sont, dit Challe dans sa préface, que «des histoires différentes que j'ai entendu raconter en différents temps et que j'ai mis par écrit dans mes heures perdues»[34]. Nous ne sommes pas obligés de le croire. Mais comment pourrions-nous comprendre pourquoi cet aventurier besogneux et débauché rédigea et réunit, au soir de sa vie, cette gerbe d'histoires, qui devaient attester la victoire de l'amour et de l'innocence et l'avènement, selon ses propres termes, d'une morale «naturelle et chrétienne»?

De même qu'au début de *La Fille aux yeux d'or* de Balzac, l'argent et l'amour sont présentés, au début des *Partisans demasquez*, comme le couple fondamental de la vie parisienne: «De toutes les Villes du monde, il n'y en a aucune où la galanterie regne avec plus

---

[34]   *I. F.*, p. 1.

d'empire qu'à Paris, et personne n'ignore que ce sont les Financiers qui lui donnent le beau lustre que nous lui voiions aujourd'hui»[35]. A la lumière de ce texte peuvent mieux se comprendre l'œuvre de La Bruyère et celle de Fontenelle, et la querelle des Anciens et des Modernes. Faut-il regretter l'austère vertu des vieux âges, ou épouser l'épicurisme doré que suscite la finance? C'est le grand dilemme de toute cette génération, du Boileau des *Satires* au Voltaire du *Mondain*.

Les financiers sont des sangsues, mais ils créent un monde neuf, où pour certains au moins il fait bon vivre, où la galanterie, soit les femmes et leur culture et l'amour, peuvent s'épanouir. Sans peut-être le vouloir, Challe s'est fait le chantre ambigu des deux morales. Il s'est plié peut-être par complaisance ou par intérêt à l'austère satire des traitants, et il a célébré des femmes remarquables, ces «illustres Françaises», qui, même protégées par la noblesse d'épée, promeuvent et incarnent le monde scintillant de la galanterie.

J'ajouterai, sans vouloir remuer le terrible problème des *Difficultés sur la Religion*, que le libertinage – au sens de la débauche, comme au sens de l'incroyance – des financiers est longuement indiqué dans les *Mémoires* de Challe, ainsi que dans les pamphlets. Deschiens dans *Pluton maltôtier* affronte le néant avec sérénité, comme le vieux Dupuis dans *Les Illustres Françaises,* et il ne croyait «en Dieu, nous dit Challe, que sous bénéfice d'inventaire»[36]. Il nous explique aussi que Legendre n'avait «pas de religion» et mourut «comme un chien»[37]. Or, les manuscrits clandestins, ces œuvres si peu personnelles, souvent si mal écrites, ravaudées de pièces différentes, furent certainement des œuvres stipendiées. Par qui? Sans doute par les financiers, qui payaient aussi le *Mercure Galant* (une autre cible des pamphlets de 1707-1710), le foyer et le symbole du féminisme et de la nouvelle galanterie. En Cydias La Bruyère a peint Fontenelle; il a peint aussi le partisan des Modernes, et surtout l'écrivain à la mode, qui «s'insinue» auprès des femmes et travaille pour «un riche salaire»[38]. La Régence, au moins dans sa seconde période, au temps de Law et de Dubois, fut l'âge d'or de cette nouvelle idéologie, qui dissolvait et les disciplines et les croyances des vieux âges, et l'on vit bientôt Philippe d'Orléans accepter qu'on lui dédie le

---

[35] *Les Partisans demasquez*, p. 1.
[36] *Mémoires*, p. 243.
[37] *Ibid.*, p. 330.
[38] *Les Caractères*, De la Société, 75.

Dictionnaire de Bayle, qui peut-être par erreur, au moins par refus des nuances, mais sans conteste, parut la «Bible» de la «nouvelle philosophie». Où situer Challe dans ces révolutions? Il s'était engagé contre les financiers; il fut emprisonné, puis exilé. Cela signifie-t-il qu'il fut, en dépit de tous les désordres de sa vie, un ardent chrétien, incapable de composer les *Difficultés*? Ou changea-t-il selon les moments et ce qu'on appelle maintenant les «opportunités»? Ou faut-il repenser tout le problème? En tout cas, la littérature en son temps n'est pas une expression personnelle. On écrit pour les princes ou pour les riches. L'artiste est d'abord habile, efficace, instable s'il le faut, en tout cas opportuniste. Cela n'empêche pas des confidences de sourdre, mais combien discrètes et voilées... C'est dans ce contexte seul, que peut se regarder tout ce qui s'écrivit avant 1760, le temps où Voltaire, libéré par l'argent, Rousseau libéré par l'exil, et Diderot aussi et d'autres, reconstituèrent le statut de l'écrivain.

                                                        Alain Niderst.

PROFIL DE L'AUTEUR COMME VOYAGEUR
ET ROMANCIER

Sans doute la réputation de Robert Challe n'est-elle plus à faire, surtout auprès des challiens. Encore n'avons-nous pas fini de comprendre comment son apport enrichit le paysage littéraire et même le redessine. Pour ne parler ici que du *Journal d'un voyage fait aux Indes Orientales* en 1690-1691, il me paraît clair que ce texte, malgré l'admiration qu'il suscite, n'a pas encore reçu son dû. Il est vrai qu'il avait pratiquement disparu de la circulation depuis sa première édition en 1721, mais il est vrai aussi que nous étions mal préparés à le lire, quand il est redevenu accessible en 1983. C'est que la littérature de voyage ne fait pas, traditionnellement, partie des «belles lettres» et que son étude à été pendant longtemps laissée aux géographes et aux historiens. Mon propos n'a d'autre ambition que d'attirer l'attention sur ce qui relie la démarche du voyageur à celle du romancier. Par delà le *Journal* et *Les Illustres Françaises*, le cas de Challe offre une valeur d'exemple qui intéresse l'histoire littéraire.

***

Dans son article sur *La Princesse de Clèves*, Jean Rousset[1] rappelle et explique comment les critères de l'esthétique classique ont ruiné, dans les cénacles littéraires, le crédit du récit à la première personne tel qu'on le connaissait. Ce procédé fut accusé, entre autres, de manquer de clarté, puisque le lecteur pouvait être, devant les «tiroirs» d'une narration touffue, en peine de savoir *qui parle*, de l'*historien* ou du *confident*. Désormais, le récit doit se faire à la troi-

---

[1]   Jean Rousset, «*La Princesse de Clèves*», *Forme et Signification*, Paris, José Corti 1962, p. 71-99. On se reportera également à Frédéric Deloffre, *La Nouvelle en France à l'âge classique*, Paris, Didier, 1967. Les deux critiques soulignent le rôle de l'ouvrage de Du Plaisir. Ses *Sentiments sur les Lettres et l'Histoire*, ont été réédités par Philippe Hourcade, Genève, Droz, 1975 (Textes littéraires français, n° 216).

sième personne, ainsi que le veut le sieur Du Plaisir, lequel rend public en 1683 ses *Sentiments sur les Lettres et l'Histoire*. A cette date, c'est la nouvelle qui semble répondre aux exigences du goût nouveau, puisqu'elle offre une narration brève qui se déroule dans l'ordre et refuse la prolifération du roman baroque. Quant au récit à la première personne, il passe dans les réserves: «Il y avait là un moyen d'avenir, auquel on semble renoncer momentanément, commente Jean Rousset. On y reviendra un peu plus tard quand, par la fusion du roman et des mémoires ou pseudo-mémoires, le récit tout entier passera à la première personne».

Or si l'emploi de la première personne peut se généraliser au dix-huitième siècle et notamment s'imposer dans le roman, c'est probablement parce qu'il s'est entre-temps développé et affermi dans une littérature qui ignorait les interdits formulés par Du Plaisir. Je pense essentiellement à la littérature de voyage, longtemps tenue à l'écart des études littéraires et aujourd'hui encore quasiment absente des manuels et des anthologies. La «relation de voyage» offre pourtant, dès l'époque de Challe, des mémoires d'un genre nouveau, dans lesquels les auteurs recourent souvent très habilement à la première personne. Quelques exemples feront bien voir qu'on aurait tort de négliger ces récits qui, s'ils ne répondent pas aux exigences académiques, s'ils n'ont pour ainsi dire pas d'existence officielle, n'en ont pas moins contribué au développement des formes littéraires et des habitudes de lecture.

Les voyageurs qui écrivaient à l'époque de Challe n'étaient pas des écrivains de métier. Rousseau avait l'habitude de les répartir en quatre catégories et se déclarait également déçu par *marins, marchands, soldats* et *missionnaires*. «... on ne doit guère s'attendre que les trois premières classes fournissent de bons observateurs, écrit-il, et quant à ceux de la quatrième, occupés de la vocation sublime qui les appelle (...), on doit croire qu'ils ne se livreraient pas volontiers à des recherches qui paraissent de pure curiosité et qui les détourneraient des travaux plus importants auxquels ils se destinent». Puis, il a cette réflexion un peu perfide: «D'ailleurs, pour prêcher utilement l'Evangile, il ne faut que du zèle et Dieu donne le reste, mais pour étudier les hommes il faut des talents que Dieu ne s'engage à donner à personne et qui ne sont pas toujours le partage des saints»[2].

---

[2]   Ces considérations figurent dans les notes dont Rousseau a voulu accompagner son *Discours*.

Aux yeux de l'auteur du *Discours sur l'origine de l'inégalité*, les vrais voyageurs sont ceux-là seuls qui ont un talent pour «étudier les hommes». Aussi n'excepte-t-il de son mépris que quelques rares témoins: Chardin, même s'il est voyageur en bijoux et donc «marchand»; les jésuites, même s'ils sont allés en Chine comme missionnaires. «Le joaillier Chardin qui a voyagé comme Platon, n'a rien laissé à dire sur la Perse: la Chine paraît avoir été bien observée par les jésuites». En s'exprimant ainsi, Rousseau rend hommage aux efforts de ces auteurs eux-mêmes pour se démarquer des charlatans, c'est-à-dire de ceux qui n'avaient à offrir qu'un exotisme de pacotille et de seconde main. Je renvoie sur ce point aux préambules et avertissements du chevalier Chardin et du père Le Comte. Le premier avait fait paraître à Londres, en 1686, le *Journal* de son voyage en Perse. Quant à Louis Le Comte, il appartenait au petit groupe de missionnaires mathématiciens délégués par Louis XIV auprès de l'empereur de Chine. Il avait publié en 1696 de *Nouveaux Mémoires sur l'état présent de la Chine*, car «il est difficile de se taire tout à fait, quand on revient de si loin», comme il l'avoue avec naïveté[3].

D'autres noms mériteraient d'être cités, Tournefort, par exemple, ou Lahontan. Il y a là une famille de voyageurs qui ont travaillé à accréditer un genre – la relation – qui, parce qu'il n'appartenait pas au registre noble, devait créer sa propre distinction. A cette fin, les auteurs ont développé des techniques d'assertion et mis en place un dispositif dont l'exemple de Challe permet de voir toutes les vertus.

∗∗∗

Dans l'avertissement qui précède son *Journal*, on trouve cette présentation de l'auteur:

> Il paraît que c'était un homme fort dégagé des préjugés vulgaires; à qui les noms n'en imposaient point; qui voulait voir par ses propres yeux, et ne juger que par ses lumières. [...] Tout catholique romain qu'il était, il ne pouvait souffrir la persécution: il voulait qu'on laissât à chacun la liberté de suivre les lumières de sa conscience; et ce seul point le fera sans doute regarder avec estime par les honnêtes gens[4].

---

[3] Le texte du père Le Comte est étudié dans *L'Ailleurs au XVIIIᵉ siècle*, numéro spécial de la Revue de l'Université d'Ottawa, janvier-mars 1986. Voir M. Grevlund, *Du bon usage du récit de voyage: l'exemple de la Chine*.

[4] Voir *JV21*, t. I, p. 54.

Si ce portrait vient de l'éditeur, c'est que celui-ci a voulu, selon un procédé de lancement courant, recommander le livre en vantant son auteur. S'il est de Challe lui-même, comme il est vraisemblable, c'est à l'évidence encore plus intéressant. Dans les deux cas, toutefois, il s'agit de placer à l'entrée du texte une sorte de caution morale qui puisse rallier le public des honnêtes gens. L'image d'un auteur «qui voulait voir par ses propres yeux» doit susciter l'image corollaire de lecteurs qui puissent l'apprécier, leur ménageant par là-même un accès au «journal». Cependant, avant d'y entrer, il faut encore passer par une dédicace sous forme de lettre adressée à un Monsieur de *** pas autrement identifié. Il n'est là que pour remplacer Monsieur de Seignelay, commanditaire et premier destinataire du rapport. Comme celui-ci était mort pendant le voyage de Challe, il a fallu, au moment de la publication, trouver un destinataire de substitution: «... le journal ou les mémoires que j'avais faits pour feu M. de Seignelay, secrétaire d'Etat de la Marine, et par son ordre, m'étant restés par sa mort, et y ayant quantité de choses qui me paraissent très sérieuses, dont il aurait fait usage, comme il a fait de ceux du Canada que je lui avais donnés, j'ai cru que vous ne seriez pas fâché de les savoir».

Par cette adresse, l'auteur réussit à doubler par son propre témoignage l'éloge funèbre écrit par son éditeur, ou attribué à lui. A son premier lecteur, peut-être imaginaire, il offre un rapport «sincère», et pour asseoir sa crédibilité, il se réclame de «tout ce qu'il y a d'honnêtes gens dans l'Orient».

Cet «avant-texte» fournit un cadre de lecture à l'intérieur duquel le texte du journal lui-même se délimite avec netteté, depuis «nous sommes partis ce matin vendredi 24 février 1690 de l'Orient de Port-Louis en Bretagne» jusqu'à l'ultime entrée, datée du lundi 20 août 1691: «C'est aujourd'hui que mon journal finit. Nous avons mouillé en rade à l'Orient du Port-Louis, sur les dix à onze heures du matin». La toute dernière phrase boucle la composition et rejoint le présent de la publication: «Je remets mes compliments à ma lettre qui va partir, et me renferme à vous assurer que je suis, etc.»

L'utilité de cet encadrement est double, puisqu'il sert à unifier le texte dans une présentation d'ensemble, tout en permettant à son auteur de se rendre présent à tout moment dans sa capacité de rédacteur. Le double registre permet en effet de rectifier ou de compléter chemin faisant des témoignages qui pourraient faire concurrence au sien dans l'esprit du public. «M. de Choisy a omis une circonstance qui mériterait d'être rapportée», écrit-il par exemple, au moment où il décrit lui-même, à la date du samedi 29 avril 1690, les rites qui accompagnent «le passage de la Ligne» (*JV 21*, t. I, p. 192). De telles remarques sont fréquentes et servent, par delà la précision apportée, à le confirmer dans ses fonctions: il gère son texte sous le regard de son (futur) lecteur. Le concept même d'auteur s'en trouve enrichi; celui de lecteur aussi.

Il est dommage que Du Plaisir n'ait pas songé aux ressources du récit encadré, avant de passer condamnation sur le récit à la première personne[5]. Sans doute ne s'intéressait-il pas à une littérature documentaire qui se développait en dehors des circuits établis. Evidemment, on pourrait aussi penser que son goût pour le récit simple et rectiligne a été offusqué par les histoires de voyage qu'il pouvait lire. Du Plaisir avait «les digressions» en horreur, et c'est un fait que les mémoires d'un voyage, comme on les appelait aussi, accueillent facilement des apports annexes sous forme de faits divers, anecdotes, aventures et vies parallèles. Le *Journal* de Robert Challe place à plusieurs reprises le lecteur dans la situation même que voulait lui épargner Du Plaisir, à savoir devant un récit fait à la première personne, mais par une première personne *autre* que l'auteur, si bien que le lecteur peut être excusable de se demander ici et là: «Qui parle?» de l'historien ou du confident.

Il est facile, pourtant, de montrer qu'il ne s'agit pas, de la part de l'auteur, d'une maladresse ou d'une faute de goût. En ouvrant son texte aux voix des autres, il respecte la réalité de son expérience et dépasse ce qu'un long récit monocorde pouvait avoir d'étroit; en subordonnant ces voix à la voix principale, la sienne propre, il affirme son autorité sur l'ensemble du texte, développant par là-même une formule capable de nourrir la littérature d'imagination, qui n'en diffère pas essentiellement. C'est l'utilisation de «l'histoire» comme unité narrative qui permet d'observer le procédé. De la façon la plus naturelle, elles viennent se déployer dans les moments de repos ou d'attente, avant de trouver place dans les interstices du *Journal*. Un compagnon de voyage, La Chassée, veut-il raconter une histoire sur les moines pour dénoncer les cruautés qui se pratiquent dans les couvents: «Ecoutez, Messieurs, et vous allez savoir ce que vous voulez apprendre» (*JV 21*, t. II, p. 204). Au cœur de son récit, on trouve une sorte d'histoire témoin qui met en scène un cordelier défroqué et une jeune femme amoureuse et hardie. Elle ressemble à Clémence de

---

[5] Consulter sur ce point F. Deloffre, *La Nouvelle en France à l'âge classique*, p. 46.

Bernay dans *Les Illustres Françaises* et doit, comme elle, conquérir son bonheur en déjouant les pièges de parents tyranniques et avides. Ayant rapporté *verbatim* le récit du cordelier, devenu par la suite négociant opulent à Amsterdam, La Chassée se remet à parler en son propre nom: «Voilà, Messieurs, a continué La Chassée, l'histoire de mon cordelier et de sa femme, fort belle, fort aimable, et pourtant, à ce que je crois, fort sage, quoique fort éveillée et fort libre». Puis, le récit de La Chassée se clôt à son tour: «Pour aujourd'hui, allons dîner, a-t-il dit en se levant: nous l'avons suivi». Et pour finir, la parole revient au rédacteur du *Journal*, qui l'avait seulement prêtée, et le voyage reprend son cours: «Il n'a fait que très peu de vent pendant la journée; encore a-t-il été contraire».

Cet emboîtement ne fait pas vraiment obstruction à la continuité narrative. Comme dans le *Cleveland* de Prévost, par exemple, le récit du personnage principal progresse sans effort à travers une hiérarchie de voix parfaitement dominée. De ce point de vue, c'est la contribution de Monsieur Martin qui est le plus riche d'enseignement, à la fois par son extension et par le soin avec lequel Challe l'a incorporée à son *Journal*.

A l'époque de voyage, ce M. Martin était gouverneur général des Français aux Indes et c'est lui qui a eu la primeur du texte de Challe (et non l'énigmatique Monsieur de *** de l'Avertissement de 1721). Il avait appris l'existence de ce journal «assez gros pour un voyage chargé d'aussi peu d'événements que le nôtre» (c'est Challe qui parle), et «l'écrivain» de l'Ecueil s'était cru obligé de lui prêter son manuscrit. On peut donc dire que c'est grâce au journal que les deux hommes ont appris à se connaître et à se faire confiance, ce qui permet de bien augurer de l'efficacité du livre auprès de ses futurs lecteurs.

Dans un premier temps, Challe rapporte «l'histoire de M. Martin», telle qu'il l'a apprise de l'ancien conseiller souverain de Pondichéry, Monsieur de la Héronne (*JV 21*, t. II, p 105-108). C'est un récit en forme qui résume la carrière de M. Martin et donne l'histoire de son amour pour une belle harengère, récit assez étonnant malgré sa brièveté, et qui n'est pas sans présenter un caractère «illustre», qui l'apparente au grand roman de Challe. Même si la mise en scène est naturellement de lui, Challe parle ici par ouï-dire, mais au moment de la rédaction définitive, il a eu l'occasion de «juger par ses lumières», selon l'expression de l'Avertissement citée plus haut. Aussi est-il à même de confirmer le témoignage de M. de la Héronne et d'apporter le sien propre: «J'ai vu [Madame Martin], qui est à Pondichéry avec

M. Martin, femme d'environ cinquante ans, qui a des restes d'une fort belle personne, et qui ne ressent en rien la crasse et la crapule de la Halle, où elle a si longtemps roulé». Il en va de même pour M. Martin lui-même: «Il m'a paru bon français de la vieille roche et très bon sujet de la Compagnie». M. Martin fera donc son entrée précédé par son histoire et porté par la bonne opinion que Challe a conçue de lui. C'est aussi une façon de préparer le lecteur à recevoir avec estime le message de M. Martin en personne (*JV 21*, t. II, p. 137-172).

Pour commencer, c'est Challe qui rapporte dans l'ordre les propos tenus par M. Martin: «Il l'a commencée [sa conférence] par me dire qu'il était ravi de voir qu'il se trouvait parmi les navigateurs des gens assez appliqués pour pénétrer, et même développer, dès leur premier voyage aux Indes, la politique que les Hollandais y observent». Puis, cinq pages plus loin, le rapporteur s'efface avec élégance: «Les Anglais et les Hollandais, a poursuivi M. Martin, feront comprendre au Mogol[6] que les vaisseaux français lui ont manqué de respect...» (*JV 21*, t. II, p. 142).

Challe a soin, néanmoins, de conserver à cette conférence son caractère de dialogue. «Vous riez, me dit-il (...): quel en est le sujet? Poursuivez, monsieur, lui répondis-je; votre pinceau me fait reconnaître les jésuites...» (*JV 21*, t. II, p. 145).

A mesure que l'entretien progresse, les deux hommes se découvrent des idées communes et surtout une même aversion pour les jésuites. Leurs propos n'ont rien de fortuit ni de gratuit: ils visent à une utilité sur le plan de la politique active, puisque les résultats de cet échange de vues doivent être relayés à un ministre éclairé, objet de tous les éloges de la part des interlocuteurs.

La conversation trouve sa fin logique dans une exhortation en règle de la part de M. Martin: Challe doit «instruire à fond [le ministre] de tout ce qui se passe ici». Puis, avec un naturel parfait, Challe reprend la parole: «... en achevant, il m'a donné la plus belle pièce de mousseline brodée que j'aie encore vue; et nous nous sommes quittés très satisfaits l'un de l'autre».

Nous touchons là au vrai sujet du livre, à ce qui en fait l'action «intérieure». Par delà le récit au jour le jour d'un voyage aux Indes, Challe fait l'histoire de l'entente qui, au fil des pages, s'établit entre lui et quelques autres hommes de bonne volonté. L'épisode de

---

[6]   L'expression signifie ici «feront croire à tort au Mogol...» (pour semer la discorde).

M. Martin en fournit la démonstration et l'image, mais la perspective dépasse l'horizon du voyage et même les limites du livre: «Voilà le résultat de la conversation que j'ai eue avec M. Martin, sur laquelle le lecteur peut faire ses réflexions; lui assurant de ma part, que je n'y ai ajouté quoi que ce soit de mon invention, si ce n'est le latin, que M. Martin n'entend pas...» (*JV 21*, t. II, p. 172). Lors de sa publication tardive en 1721, le texte complet sera explicitement destiné, on l'a vu, à un public élargi, signe évident d'une évolution dans le milieu collectif. Le cadre de présentation sert donc aussi, par sa date même, à communiquer l'idée de ce progrès.

***

A un moment où le récit à la première personne connaît une disgrâce passagère dans les cercles lettrés, des voyageurs se sont faits écrivains. Parlant en leur nom propre, ils travaillent dans leurs écrits à restaurer la confiance en un «je» narrateur. Ils mettent au point une formule à double registre qui permet à la fois de ramener les «digressions» dans une optique centrale et de disposer le contenu narratif selon une progression chronologique. Comme dans un roman, la signification du texte ressort de l'utilisation de la durée, l'auteur permettant au temps d'accomplir ce qu'Antoine Adam a fort justement appelé, dans une appréciation du *Roman bourgeois* de Furetière, son travail de *patience* et de *loyauté*[7].

La figure de l'écrivain sort grandie de ce processus: *Fit cursu clarior* – «il devient plus éclairé par son voyage». C'était la devise de Chardin; elle vaut aussi pour Challe. Le voyage lui permet de se donner à voir «en écrivain» et de préciser son profil professionnel. Tout au long de l'ouvrage, on le voit soucieux d'être à la hauteur du portrait moral qui figurait à l'ouverture du texte. En même temps, il convie le lecteur à partager ses réflexions, il l'associe à ses progrès. Quand l'histoire du voyage prend fin, ce lecteur pourra dire, comme Diderot à la lecture de Richardson, «J'ai acquis de l'expérience». Et puisque les fonctions se laissent ainsi observer à l'œil nu, si l'on peut dire, le *Journal* de Challe permet en plus, comme *Jacques le fataliste* par exemple, une lecture décalée: ce texte est *aussi* un livre sur le livre en train de se faire.

---

[7]   Voir Antoine Adam, introduction au *Roman bourgeois* dans *Romanciers du XVIIᵉ siècle*, Bibliothèque de la Pléiade, Gallimard, 1958, p. 50.

A ce niveau, la «relation» n'a pas besoin de réhabilitation; il suffira de mieux la connaître. Si l'on perçoit bien, toujours, ses liens avec la littérature d'idées, il faut voir aussi qu'elle est proche du roman sous sa forme dix-huitiémiste de fiction documentaire. A la fois pépinière philosophique et laboratoire du roman, les mémoires de voyage servent à acclimater le récit à la première personne auprès de lecteurs qui, croit-on, passaient facilement du document à la littérature d'imagination.

Il est tentant, pour finir, d'esquisser un rapprochement avec *Les Illustres Françaises*. Malgré des ressemblances formelles et thématiques qui sautent aux yeux, il est rare que la critique juxtapose dans sa démarche le journal et le roman.

***

Comme dans le *Journal*, il faut dans *Les Illustres Françaises* négocier son accès au texte en passant par une préface, dans laquelle l'auteur s'explique sur sa pratique et fait appel «au public de bonne volonté»:

> Presque tous les romans ne tendent qu'à faire voir par des fictions, que la vertu est toujours persécutée, mais qu'enfin elle triomphe de ses ennemis. (...) Mon roman et mes histoires, comme on voudra les appeler, tendent à une morale plus naturelle, et plus chrétienne, puisque par des faits certains, on y voit établi une partie du commerce de la vie[8].

Le préambule met en place un cadre à l'intérieur duquel les histoires particulières, qui vont être racontées, trouveront une intelligibilité sur un plan plus général.

On voit par exemple comment Angélique de Contamine formule avec son gros bon sens la morale qu'il faut tirer des aventures furieusement romanesques qui ont précédé le mariage, lui aussi bien dramatique, de Monsieur de Terny et de Mademoiselle de Bernay: «En vérité, une constance réciproque est bien louable. Elle triomphe toujours des obstacles qu'on lui oppose, quand elle a la vertu et la raison de son côté». Et elle s'entend répondre: «Vous le savez par expérience, Madame» (*I. F.*, p. 182). D'une part, la leçon de bonheur est ainsi dédoublée, ce qui renforce la cohérence narrative; d'autre part,

---

[8] *I. F.*, Préface, p. 1.

le lecteur peut interpréter l'histoire à la lumière de la préface en général et plus précisément du passage qui explicite la signification de l'histoire en question: [elle] fait connaître le tort qu'ont les pères et les mères en violentant leurs enfants (...), surtout lorsqu'ils connaissent leurs enfants d'un génie hardi et entreprenant» (*I. F.,* p. 2).

Cet accord sommaire entre les principes exposés dans la préface et les enseignements que le lecteur est supposé retirer des différentes histoires ne fait pas du roman un récit «encadré». L'auteur n'intervient pas dans les récits individuels, qui forment la matière romanesque des *Illustres Françaises,* ni pour y tenir un rôle, ni pour les commenter dans leur déroulement. Formellement, ils sont sont autonomes par rapport à l'auteur de la préface.

L'autorité de la voix unique, qui s'exerçait sur l'ensemble du *Journal,* est ici brisée au profit d'une pluralité de voix qui se suivent pour se compléter ou se contredire. A être mise devant un auditoire amical et attentif, chaque histoire trouve une actualité nouvelle et quelquefois un prolongement inattendu. Le double registre est pleinement efficace.

L'astuce suprême consiste dans les jeux d'interaction qui s'établissent entre les différents récits. Les narrateurs, devenus public à leur tour, peuvent en quelque sorte anticiper sur le travail d'interprétation du lecteur. Capables d'opérer des recoupements et de regrouper les témoignages, ils précisent le caractère des personnages et transforment en destin leur recherche du bonheur.

Le roman de Challe est sans doute d'une facture plus complexe, plus raffinée, que son *Journal.* Néanmoins, le lecteur est toujours confronté à une combinaison de récits à la première personne. Il se pourrait que les différences d'exécution s'expliquent surtout par une ambition quelque peu différente. Dans *Les Illustres Françaises,* Challe a voulu renouveler et humaniser le romanesque de son temps. C'est pour honorer ce nouveau contrat qu'il a adapté son art à ce qui fait donc proprement le sujet de son roman: «l'étude du cœur humain dans ses métamorphoses»[9].

***

Quand on part à la découverte des voyageurs qui ont précédé dans les lettres Montesquieu, Bougainville, Diderot et Voltaire, il faut

---

[9]   C'est Frédéric Deloffre qui me fournit le mot de la fin. Voir *La Nouvelle en France à l'âge classique,* p. 90.

apprendre à jouer de la restriction mentale. Les interprétations philo-sophiques et édifiantes qui se disputaient «l'Ailleurs» au XVIIIe siècle ont longtemps caché la réalité de la littérature de voyage. Celle-ci offre mieux qu'un support presque anonyme au débat d'idées, ce que prouve bien le cas de Robert Challe. Même s'il offre un exemple de choix, il n'est pas le seul de son espèce: par lui et par ses confrères de la fin de l'époque classique, c'est tout un pan de son passé qui peut être restitué à la littérature française.

Merete Grevlund

DIDEROT ET CHALLE

Il peut paraître paradoxal de s'interroger sur les rapports entre Diderot et un écrivain dont il ne cite jamais le nom et peu les œuvres. Mais qui connaît l'identité de Challe au XVIIIᵉ siècle? Qui connaît le nom de l'auteur des *Illustres Françaises* que l'on pille allégrement, de Collé à Baculard, ou des *Difficultés* ou du *Militaire philosophe* que tout le monde pratique? En fait les histoires de Challe affleurent souvent dans l'œuvre de Diderot, directement ou indirectement, par l'intermédiaire du théâtre; la *Continuation* du *Don Quichotte* est citée nommément; on relève au moins trois allusions claires aux *Difficultés*, et on peut plus généralement découvrir des affinités profondes entre deux attitudes à l'égard de la religion, entre deux artistes et entre deux visions du monde.

Marivaux ne prononce pas plus le nom de Challe, et Frédéric Deloffre a montré tout ce que *La Vie de Marianne* doit à l'Histoire d'Angélique. Diderot, qui, on le sait, ne cherche pas du tout, à la différence de Beaumarchais à son endroit, à gommer ses dettes envers ses prédécesseurs, rend hommage à l'auteur de *Silvie*, à vrai dire celle de la scène reconnue par Dorval dans les *Entretiens sur Le Fils naturel*, comme «l'ouvrage d'un homme qui pense et qui sent»[1]. Le compliment, même s'il honore surtout le créateur de la tragédie bourgeoise française, s'adresse à Challe par-dessus Landois, et Challe qui, semble-t-il, n'a jamais été tenté par le théâtre, devient ainsi un des précurseurs ou des garants du drame. Comment l'homme du nécessitarisme n'aurait-il pas été frappé par cette histoire de destin, par la figure ou le type défini par Frédéric Deloffre de la criminelle innocente – la d'Aisnon en sera une autre –, dont un jaloux punit la traîtrise apparente ou essentielle, par cette incarnation du mystère féminin, par une héroïne touchante victime des sévices les plus brutaux dans un enfermement sinistre qui annoncent le sort de la Religieuse.

---

[1] Diderot, *Œuvres*, t. IV, *Esthétique-Théâtre*, Robert Laffont, p. 1153.

Le «réalisme» de Challe complète ou étaie celui de Richardson. Un des modèles des contes de Diderot, à côté de ceux de Cervantès et de Scarron, est certainement la plus forte des histoires de Challe: le thème de la fatalité qui conduit un couple accordé et heureux au malheur absolu et à la mort était bien fait pour fasciner l'auteur de l'Histoire de Mme de La Pommeraye ou de celle de Mme de La Carlière ou encore de celle de Mlle de La Chaux, même si ces dernières, tout comme celles de Challe, ont des modèles vivants. Il ne faut pas s'étonner, à partir de là, que l'une des lettres les plus importantes de Diderot, celle du 29 juin 1756, ait été écrite à un personnage moins obscur qu'on ne l'a dit, ce Paul Landois avocat à Paris, auteur de cent huit articles de peinture et de sculpture pour l'*Encyclopédie*. C'était le destinataire rêvé d'une méditation sur le destin parce qu'il avait été au théâtre l'interprète de la méditation de Challe sur le même sujet (et aussi, mais cela nous concerne moins aujourd'hui, parce qu'il était d'un caractère maussade et geignard que Diderot rappelle à un peu plus de stoïcisme devant les retards des libraires associés à lui payer ses articles).

Passons à l'allusion à la *Continuation de l'Histoire de l'admirable Don Quichotte de la Manche*. On la trouve dans *La Promenade du sceptique*, à la fin de l'exploration de l'Allée des Epines où les terreurs superstitieuses des dévots sont dénoncées. Pour compléter une condamnation de la croyance au Malin envoyé rejoindre «nos diables d'une figure si gothique... de si mauvais goût» qu'évoquera le Troisième *Entretien sur Le Fils naturel*[2], Diderot nous dit que l'on «représente» l'«enchanteur malin» «à peu près sous la forme hideuse qu'on a donnée à l'enchanteur Freston, chez le duc de Médoc, dans la *Continuation* maussade de l'excellent ouvrage de Cervantès»[3]. On se rappelle la description de cet «ennemi personnel de Don Quichotte» qui ne pardonne pas au chevalier de la Triste figure de s'apprêter à combattre son bâtard[4]: «C'était un homme effroyable, qui jetait de temps en temps par la poitrine une flamme vive avec une légère fumée. Il était vêtu d'un orange très vif depuis les pieds jusqu'à la tête», son casque et ses armes sont de la même couleur, et il passe «l'ordinaire grandeur des hommes»[5]. Certes il s'agit d'un «artifice», d'un homme déguisé comme les démons de l'Opéra toujours vêtus de

---

[2] *Ibid.*, p. 1180.
[3] Ed. cit., t. I, *Philosophie*, p. 102.
[4] *Continuation*, p. 204.
[5] *Ibid.*, p. 210.

rouge, mais justement Diderot veut tout autant que Challe dénoncer le caractère puéril et superstitieux de cette crédulité. «*Continuation maussade*» n'est évidemment pas très flatteur, mais Diderot trouve au moins ce passage utile à sa démonstration et se révèle, dans sa phase déiste, à l'unisson du «père du déisme français» quand il s'agit de ridiculiser les fantasmes de l'imagination populaire ou bigote. Huit pages plus loin, Diderot compare un moine – ou, dans le langage métaphorique de *La Promenade*, un «aveugle» – qui se donne la discipline pour punir son amour-propre, à «Sancho qui se fustige pour désenchanter Dulcinée»[6]; la source est certes chez Cervantès, II, 71, mais l'épisode trouvant sa conclusion chez Challe (éd. cit., p. 319), le voisinage pourrait faire croire que Diderot pense au moins autant au continuateur qu'au modèle. De même l'allusion au baume de Fiera-bras[7] peut tout aussi bien être amenée par la lecture de Challe que par celle de Cervantès[8].

La Promenade du sceptique est aussi en quelque sorte placée sous l'invocation de Robert Challe – ce qui confirmerait que Diderot n'a pas en 1747 abandonné le déisme, dans une période de sa vie que l'on dit volontiers voltairienne mais qui pourrait aussi être challienne – par l'allusion du début à un ancien combattant de Fontenoy, comme Jacques le fataliste, qui a besoin d'être initié à la philosophie pour résoudre les questions qu'il se pose sur la religion: bref une sorte de «militaire philosophe» baptisé Cléobule. Le visiteur de Cléobule-Challe, Ariste-Diderot, joue au diffuseur de manuscrits clandestins en communiquant quelques copies de son *Entretien sur la religion, la philosophie et le monde* avec Cléobule; mais il a la déconvenue de le voir «si monstrueusement défiguré» dans quelques-unes des copies qui «se sont multipliées», qu'il croit urgent de rectifier: c'est un peu l'aventure du manuscrit de Challe.

Il aurait été bien étonnant que le philosophe qui cherche sa voie parmi tous les systèmes, toutes les écoles, qui hésite entre scepti-cisme, déisme, spinozisme ou plutôt néospinozisme, et athéisme, qui a dévoré tant de manuscrits clandestins pour écrire les *Pensées philo-sophiques* et *La Promenade du sceptique*, et consulté toute la littéra-ture philosophique pour l'*Encyclopédie*, avant d'entendre d'Holbach lui parler du *Testament* de Meslier et du *Militaire philosophe*, n'eût pas, à côté par exemple des *Objections diverses contre les récits de*

---

[6]   Ed. cit., t. I, p. 110-11.
[7]   *Ibid.*, p. 86.
[8]   *Don Quichotte*, I, chap. 10; *Continuation*, p. 146.

différents théologiens de Levesque de Pouilly (1746) ou des *Pensées secrètes et Observations critiques* de Saint-Hyacinthe (1735), occasion de l'*Addition aux Pensées philosophiques*, sans compter l'*Analyse de la religion chrétienne* de Dumarsais utilisée dans les *Pensées* elles-mêmes, rencontré les *Difficultés sur la religion* dont le titre pourrait bien hanter sa mémoire quand il évoque plus tard, en 1773-1774, dans la *Réfutation d'Helvétius*, en toute complicité avec l'anticléricalisme, moins nuancé que le sien cependant, de son ami défunt, «je ne sais quelle difficulté qui lui fut proposée contre la vérité de la religion» (*lui* vise un professeur de théologie placé dans la situation de Malebranche chez Challe)[9].

Confirmation est fournie par la Correspondance du Philosophe qui, du Grandval, le 24 septembre 1767, confie à Sophie Volland: «On nous a envoyé de Paris une bibliothèque nouvelle antichrétienne: c'est *L'Esprit du clergé* [traduit de l'anglais de J. Trenchard et Thomas Gordon par d'Holbach et Naigeon, 1767], *Les Prêtres démasqués* [traduit de l'anglais de Toland par d'Holbach, 1767], *Le Militaire philosophe, L'imposture sacerdotale* [traduit de l'anglais de Davisson, Bourn de Birmingham et Thomas Gordon par d'Holbach, toujours 1767], *Les Doutes sur la religion* [de Guérould de Pival, 1767], *La Théologie portative* [de d'Holbach sous le pseudonyme de l'abbé Bergier, 1767]. Je n'ai lu que ce dernier». Cette dernière précision étonnerait, si elle signifiait que Diderot n'a jamais lu *Le Militaire philosophe* avant 1767 ou ne se souvient plus du manuscrit découvert dans les années 1740; mais il veut certainement dire qu'il n'a pas encore pris connaissance de la nouvelle version remaniée par d'Holbach, et très certainement aussi il n'a pas tardé à dévorer, selon son habitude, tous ces ouvrages vulgarisés par le baron, toute cette «bibliothèque antichrétienne», y compris *Le Militaire philosophe*.

Une comparaison des thèmes des *Difficultés* avec ceux de *La Promenade* peut-elle confirmer les dettes de Diderot? L'examen de toutes les religions mené dans le Deuxième Cahier fait penser à l'exploration de toutes les sectes religieuses ou philosophiques menée dans *La Promenade* où Cléobule épuise pour Ariste «l'extravagance des religions»[10]. Mais la plupart des manuscrits clandestins, nous le savons bien, examinent la religion et accumulent des condamnations analogues des superstitions, du fanatisme, de l'intolérance, des macérations, de l'ascétisme, du monachisme, de l'érémitisme, du Dieu

---

9   Ed. cit, t. I, p. 844.
10   *Ibid.*, p. 73.

terrible, de la supériorité de la foi sur la raison, jointes à des attaques contre la révélation, le culte des images ou des saints, les prières propitiatoires, etc. La présence de ces motifs chez Challe et chez Diderot n'est donc pas absolument probante. Mais on est frappé par des analogies plus précises et plus spécifiques: Diderot aurait-il trouvé son idée de transformer les chrétiens en une «armée» avec ses «bataillons» et son «colonel» dans la «milice» de Challe[11] ou dans sa manière de peindre les moines comme «les suppôts, les émissaires et les soldats du pape»[12]? Les *Difficultés* disent qu'il faut «choisir le chemin»[13] parmi les différentes voies offertes par les sectes, comme *La Promenade* propose trois Allées et leurs embranchements. Plus encore s'impose de façon itérative le thème de l'aveugle associé si régulièrement aux sourds et muets que l'on se demande si Diderot n'a pas trouvé le sujet de ses deux *Lettres* de 1749 et 1751 chez Challe: on a «un sourd, un aveugle» p. 84, «un aveugle de naissance» p. 97, un «sourd de naissance» et un «aveugle de naissance» p. 114, «les sourds, muets et aveugles» p. 60, ou des expressions comme «chaque troupe de suppôts des religions veut qu'on ferme les yeux, qu'on bouche les oreilles» (p. 70) qui réunit le motif de la «troupe» et celui de l'aveuglement. On dira que la prophétie d'Isaïe sur ceux qui ont des yeux pour ne pas voir et des oreilles pour ne pas entendre est la source commune, mais ces convergences donnent tout de même à réfléchir, surtout si l'on ajoute un détail plus rare: on connaît la défense que Challe argumente en faveur des déistes suspectés d'athéisme; les apologistes de la religion chrétienne essaient de «couvrir du nom odieux d'athées des gens qui sont plus persuadés qu'eux qu'il y a un Dieu, qui en ont des idées plus justes, qui l'adorent bien mieux, puisque c'est du fond de leur cœur et *sans aucun intérêt présent*»[14]. L'argument a pu asseoir le déisme de Diderot vers 1746 et être ensuite repris au bénéfice de l'athée dont Challe récuse, on le sait, jusqu'à l'existence[15]. C'est dans le credo de l'athée vertueux, leitmotiv des années 1770-1780, que Diderot développe son apologie de l'athéisme renouvelée du paradoxe de Bayle et adressée aux partisans fanatiques du christianisme, comme chez Challe celle du déisme: «Qu'ils ont autant de mœurs que les plus honnêtes

[11] *Difficultés*, p. 59, 72.
[12] *Ibid.*, p. 53.
[13] *Ibid.*, p. 70.
[14] *Ibid.*, p. 49. C'est moi qui souligne.
[15] Par exemple dans les *Mémoires*, p. 332.

croyants. Qu'on est aussi facilement athée et homme de bien qu'homme croyant et méchant [...]. En un mot que la plupart ont tout à perdre et *rien à gagner* à nier un Dieu rémunérateur et vengeur», puisqu'ils sont vertueux, nous disent les *Observations sur Hemster-huis*[16]; même démonstration dans l'*Essai sur les règnes de Claude et de Néron*: «L'homme vertueux [...] qui a tout à se promettre d'un rémunérateur futur de ses actions, lutte *contre son propre intérêt*» s'il en nie l'existence[17], ou dans les *Eléments de physiologie*[18]. Cette idée du désintéressement du déiste chez Challe a pu inspirer celle du désintéressement de l'athée chez Diderot.

Bref, Challe a pu nourrir de son contre-pari de Pascal le contre-pari de Diderot. Les *Pensées philosophiques*, *La Promenade du sceptique*, *De la suffisance de la religion naturelle* sont comme les *Difficultés sur la religion* de Diderot, qui apparaît, bien plus tard également, comme nourri de manuscrits clandestins.

*

Reste une autre direction, peut-être encore plus importante. Après le père du déisme, il nous faut revenir au père du réalisme français qui offre des analogies frappantes avec l'auteur de *Jacques le fataliste* et des contes des années 1770. Les affinités en matière de religion sont rejointes par les affinités esthétiques. Diderot récuse dans *Jacques* le roman d'analyse, le roman épistolaire qui sonnent faux parce qu'on ne peut sonder une vie intérieure qui n'existe peut-être pas, ou le roman sentimental ou lyrique à la manière de *La Nouvelle Héloïse* qu'il ne cite pratiquement jamais, ou le roman d'aventures plein de coïncidences à la Prévost, il promeut à la place le «conte historique», c'est-à-dire des récits aussi vrais que l'Histoire, et, de 1755 à 1780, farcit *Jacques le fataliste* d'anecdotes vécues. Il partage ainsi avec l'époque des Le Noble, Préchac ou Challe le goût pour les histoires ou nouvelles préférées aux grands romans romanesques; son «conte historique», qu'il oppose à toutes les formes trop gratuites de roman en vogue à l'époque, rappelle l'histoire véritable chère à Challe. Histoire courte qui a des garants, qui se passe chez des gens comme tout le monde que l'écrivain connaît, Duret de Chevry ou Deschiens du côté de Challe, Mlle de La Chaux, Gardeil dans *Ceci*

---

[16] Ed. cit., t. I, p. 759. C'est moi qui souligne.
[17] *Ibid.*, p. 1178.
[18] *Ibid.*, p. 1316.

n'est pas un conte, Gousse-Goussier, le graveur de l'*Encyclopédie* que connaît bien Madame Diderot, nous dit *Jacques le fataliste* en tendant vers une sorte de Mémoires, ou Lepelletier d'Orléans et tant d'autres toujours dans *Jacques*, y compris l'abbé Durier, familier des Volland à Isle, modèle du père Hudson qui certes, lui, n'est pas comme tout le monde, mais est tout aussi peu inventé; ou Madame de La Carlière, dont le modèle est justement Madame Volland elle-même. *Ceci n'est pas un conte*, «Il est bien évident que je ne fais point un roman», on connaît le refrain qui est comme un écho des années où le roman se masque, autour de 1700-1720. C'est par «la voiture historique»[19] que l'on va «à l'immortalité», proclame une variante des *Deux Amis de Bourbonne*, «mon roman et mes histoires», déclare Challe, il faut toujours en revenir à la formule canonique.

Il y a plus d'une ressemblance entre la première «ère du soupçon» où le roman entre de la fin du dix-septième siècle à 1728, et la seconde illustrée dans les années 1760-1780 par Rousseau, Diderot, Laclos... Diderot, beaucoup plus proche de Marivaux qu'on ne le dit souvent – ce serait l'objet d'une autre étude –, se tourne tout naturellement vers les rares romanciers qui à l'époque sont aussi des artistes conscients de leur art et capables de remettre en cause ce que Françoise Gevrey a appelé les procédés de l'illusion. Il connaît visiblement à fond, même s'il ne les nomme pas, le *Pharsamon* dont les intrusions d'auteur encouragent les siennes dans *Jacques*, et *La Voiture embourbée* dont la structure discontinue peut également inspirer sa «rhapsodie»: quand il fournit son propre *Heptaméron* dans *Jacques*, après celui de *L'Oiseau blanc conte bleu*, il est certainement aidé, autant que par le *Tristram Shandy* de Sterne, par les *Heptamérons* de Marivaux dans *La Voiture* et de Challe dans *Les Illustres Françaises*. Il y a chez ces trois écrivains, et c'est suffisamment exceptionnel dans le siècle pour retenir notre attention, une commune aptitude à réfléchir, comme disait Jean Fabre en paraphrasant Chklovski, sur «l'art», ou sur la littérature, «comme procédé»[20]: c'était au colloque de Strasbourg sur *La Littérature narrative d'imagination* en 1959 – celui où Frédéric Deloffre révéla à la République des Lettres *Les Illustres Françaises* et leur structure circulaire.

Vérification: Marivaux et Challe sont associés dans *La Promenade du sceptique*, à côté des souvenirs de la *Continuation* et du *Mi-*

---

[19] Ed cit., t. II, p. 472.
[20] PUF, 1961, p. 130.

litaire philosophe figure, dans la bibliothèque publique des hédonistes de l'Allée des Fleurs, *La Vie de Marianne*[21]. Et les sources ou les garants de *La Voiture*, de la *Continuation*, de *Jacques le fataliste*, de la théorie des «trois sortes de contes» dans *Les Deux Amis de Bourbonne*[22], sont les mêmes: Cervantès, Scarron, Sorel. Diderot pourrait ajouter Challe si son nom disait quelque chose à l'époque à d'autres qu'aux lecteurs attentifs du *Journal littéraire* de La Haye.

L'analyse des «procédés» confirme la communauté d'esprit: dans *Jacques* comme dans *Les Illustres Françaises* les personnages du récit-cadre ou le narrateur d'une histoire peuvent devenir les héros d'une autre histoire, comme des Arcis. Jacques Popin signale l'importance et l'audace, dans *Les Illustres Françaises*, de formules comme «ajouta Des Frans en s'interrompant lui-même»[23]; sans en invoquer d'autres qui mobilisèrent en particulier les professeurs français quand *Les Illustres Françaises* figuraient au programme de l'agrégation, on notera que, dans une pirouette très caractéristique, la *Continuation* propose une interruption identique dès le début de l'histoire de l'autre Silvie dont le parallélisme avec celle de la Silvie de Des Frans est ainsi souligné: «poursuivit Silvie en s'interrompant elle-même»[24]; ces tours favoris ont dû retenir l'attention de l'auteur de *Jacques*. On pense en effet irrésistiblement aux séries narratives entrecroisées que propose l'anti-roman de Diderot; la scène du chirurgien qui soigne la blessure au genou récoltée à Fontenoy par notre militaire spinoziste en est un bon exemple. «J'ai tout entendu, lui dit-il. Puis, s'adressant à son maître, il ajouta...» (le même verbe que chez Challe). La première fois «il» représente Jacques dans le passé de Fontenoy, «lui» le chirurgien; la deuxième fois, «il» représente le Jacques du présent de la narration[25].

Cet art des interruptions et des croisements se remarque dès 1749 chez Diderot, dans *L'Oiseau blanc conte bleu*: on n'y sait pas toujours si l'expression «le sultan» désigne Mangogul-Louis XV qui interrompt volontiers l'histoire qu'on lui raconte, comme dans *Les Bijoux indiscrets*, moins élaborés de ce point de vue, ou le père du prince transformé en pigeon, qui est empereur du Japon[26]. On ne sait

[21] *La Promenade du sceptique*, éd. cit., t. I, p. 121.
[22] Ed. cit., t. II, *Contes*, p. 480.
[23] *Poétique des* Illustres Françaises, *op. cit.*, t. I, p. 260; *I. F.*, p. 310; voir aussi p. 196, 360, 554...
[24] *Continuation*, p. 112.
[25] Ed. cit., t. II, p. 740.
[26] *Ibid.*, p. 241, 256...

pas trop non plus si la princesse guettée par le bâillement est celle du récit-cadre, Mirzoza ou, si l'on préfère, la Pompadour, qu'il s'agit d'endormir, ou celle de l'histoire contée, endormie de nature, qui finissent par se confondre[27].

*

Challe et le premier Marivaux cher à Françoise Rubellin qui en a si bien étudié les procédés, réunis avec Hamilton jusque par la date climatérique de 1713, grande année d'un renouveau promis au roman, forment donc, avec Diderot l'esthéticien, une même lignée d'artistes exceptionnellement conscients, dans une époque à la fois réticente devant le romanesque et peu riche en théoriciens acutes du genre narratif, des moyens, des visées, des limites aussi de leur art, qu'ils préfèrent illustrer par la création plutôt que dans des œuvres didactiques. Par-delà le renouveau du roman d'analyse et du roman du sentiment en 1730 et 1760, que Challe sert aussi, Diderot se sent plus proche de cet âge si bien connu désormais grâce à Françoise Gevrey, Françoise Rubellin, Michèle Weil, Jacques Popin; son vocabulaire est le même, il préfère se dire «historien»[28] plutôt que romancier.

On pourrait trouver d'autres convergences entre Challe et Diderot, par exemple dans un certain naturalisme manifeste dans la manière d'aborder la sexualité ou le physique de l'amour, dans une même santé joviale et tonique, santé d'un déiste, santé d'un athée. La scène des seigles a dû ravir l'auteur du *Supplément au Voyage de Bougainville* et de l'article «Jouissance»; l'initiation amoureuse de Dupuis fait songer à celle de Jacques par dame Suzon et dame Marguerite. Un bon exemple des affinités entre Challe et Diderot est fourni par la récurrence de la scène de la «belle dormeuse» ou de la beauté alanguie par un jour d'été. Vingt ans après, Diderot raconte à Sophie Volland une aventure de jeunesse, sans pudeur ni tact excessifs; mais les séducteurs savent toujours avouer des faiblesses anciennes pour détourner des plus récentes. Donc, le 28 juillet 1762 il pense à un autre mois d'été, c'était du temps où il habitait rue Boutebrie, tout près de notre carrefour Saint-Michel-Saint-Germain, en 1744 dit-il, ce qui est impossible, il était alors marié et surtout il habitait rue Saint-Victor; il s'agit plutôt de 1741 où il avait vingt-huit ans. «Un jour qu'il faisait chaud», il trouve une jolie voisine «étalée sur une

---

[27] *Ibid.*, p. 239.
[28] Ed. cit., t. II, p. 480.

bergère dans le plus grand déshabillé»[29]. La rencontre avec la Maltaise se passe aussi un jour où «il faisait extrêmement chaud», «chaleur excessive» qui «l'obligea de se mettre à l'air»[30]. Scène répétée, on le sait, par la veuve[31], selon un scénario dépourvu de toute improvisation et plus proche encore de celui que Diderot rapporte: dans les deux cas le galant découvre, aux deux sens du mot, en commençant par les pieds, les charmes de la femme allongée. Bien sûr chez Diderot – chez Challe aussi probablement – il s'agit du souvenir d'un épisode vécu; mais comme très souvent chez lui le souvenir d'une lecture peut se superposer à celui d'une expérience, au moins dans la facture, et surtout après tant de temps passé. En tout cas la similitude de la situation et des impressions révèle une similitude de tempérament.

Deux philosophies, deux arts de conter, deux arts de vivre se rejoignent. Diderot et Challe appartiennent à la même famille, et le Philosophe semble bien l'avoir confirmé en pratiquant *Les Illustres Françaises* et les *Difficultés* pendant toute sa vie.

Laurent Versini

---

[29] Ed. cit., t. V, p. 396.
[30] *I. F.*, p. 442-443.
[31] *Ibid.*, p. 529.

CHALLE, RÉTIF DE LA BRETONNE, SÉBASTIEN MERCIER ET QUELQUES AUTRES...

INFLUENCE ET PRÉSENCE DES *ILLUSTRES FRANÇAISES* AU XVIIIE SIÈCLE

NOTES DE LECTURE

Dans les pages qui suivent, j'essaierai seulement d'apporter le témoignage d'un Candide, simple lecteur à qui le souvenir des *Illustres Françaises* s'est imposé à diverses reprises au cours de sa promenade à travers les œuvres de fictions narratives du XVIIIe siècle. Ces quelques observations confirmeront, les unes que ces *Illustres Françaises* – dont l'auteur n'était guère connu – ont exercé une influence, les autres au moins qu'elles contiennent des éléments – situations, épisodes, personnages, thèmes – qu'on retrouve au long du siècle, qui font partie de son fonds narratif, et préfigurent même des genres littéraires nouveaux ou renouvelés dans les années 1780-1790.

*

Signalons d'abord, dans l'ordre chronologique, des rapprochements qui nous sont venus à l'esprit, et qui montrent cette permanence de thèmes des *Illustres Françaises* dans les œuvres, et peut-être dans la mémoire subconsciente de leurs auteurs. Nous laisserons de côté Marivaux, Prévost et Diderot chez qui la question a été minutieusement étudiée.

*

Dans *L'amour plus fort que la nature*, une des *Cent Nouvelles nouvelles* de Madame de Gomez, parue en 1732, on retrouve traités le problème de l'union libre, et son corollaire, celui de l'enfant naturel, posés dans la première et dans la dernière des *Illustres Françaises*: le confesseur de Timante, comme celui du père Dupuis, profite de sa maladie, qu'on croit mortelle, pour exiger qu'il épouse la mère de son enfant[1], mais la jeune femme refuse[2], comme la jeune veuve de la septième *Illustre Française*, pour rester libre: comme elle, (bien que, féministe agressive, elle soit animée de tout autres sentiments et adopte un tout autre ton).

*

Des passages du *Dialogue* de Crébillon *La Nuit et le Moment* (publié en 1755, composé, semble-t-il, en 1737) ramènent très fugitivement la pensée à Challe[3]. On y retrouve en effet l'idée que les hommes se vantent de leurs aventures féminines: c'était une spécialité française disait Challe, c'est un élément du «standing» de l'homme à la mode, affirme Crébillon. On retrouve aussi le tableau, d'une précision quasi picturale, de la femme étendue sur un lit de repos, à moitié dénudée... comme par hasard, et la scène de séduction qui s'ensuit inévitablement[4]. Mais ces similitudes de détail ne sont pas vraiment pertinentes.

*

Il en est de même pour celles qu'on rencontre en 1758 dans l'*Histoire du marquis de Cressy* de Mme Riccoboni. L'héroïne est une veuve belle, riche et libre de ses choix, comme celle de Challe. Monsieur de Cressy, avec qui elle se remarie, tombe amoureux de la jeune Hortense en faisant de la musique avec elle[5], comme Jussy avec Babet Fenouil[6]. Quand Hortense est devenue sa maîtresse, il meuble élégamment une maison pour y rencontrer la jeune femme qu'il fait passer pour son épouse secrète[7], comme Contamine l'a fait pour Angélique qui est réellement sa fiancée secrète[8]; et tous deux évitent de se laisser trahir par leurs carrosses armoriés.

*

[1]   *Nouvelles françaises du XVIII* siècle, éd. J. Hellegouarc'h, Livre de poche, Bibliothèque classique, L. G., F., 1994, t. I, p. 150.
[2]   *Ibid.*, p. 173.
[3]   *I. F.*, p. 522.
[4]   *I. F.*, p. 529; Crébillon, *Nouv. fr.*, t. I, p. 273.
[5]   *Nouv. fr.*, t. II, p. 157, p. 165.
[6]   *I. F.*, p. 188 sq.
[7]   *Nouv. fr.*, t. II, p. 176.
[8]   *I. F.*, p. 101, p. 107.

De jeunes veuves apparaissent encore dans le *Spleen* que le baron de Besenval rédige vers la même époque. L'une d'elles, Madame de Mercour, refuse d'épouser le héros[9] parce qu'elle «l'aime trop», dit-elle: elle veut qu'il puisse continuer à «penser qu'il «d[oit] [s]es attentions à [s]on penchant, et non pas à [s]on devoir»; et aussi parce que «lorsque [les femmes] sont assez heureuses pour redevenir libres, [elle] ne conçoi[t] pas ce qui pourrait les déterminer à reprendre une chaîne toujours pesante». Elle ressemble singulièrement à la veuve de la septième *Illustre Française*[10] qui tient à «rester toujours maîtresse d'elle-même» tout en témoignant à Dupuis «toute la tendresse, l'empressement et la fidélité d'une épouse»[11].

On retrouve également dans l'*Aventure bretonne* de Besenval un épisode d'interruption de vœux monastiques[12]. Mais la présentation en est plus proche de celle qu'en fait Cervantès dans l'*Espagnole-Anglaise*, une des *Nouvelles exemplaires*, que de celle de Challe. Sans doute a-t-il été directement inspiré par la nouvelle espagnole, qui pourrait être la source commune.

*

Dans leur foisonnement et leur complexité, *Les Illustres Françaises* contiennent en germe des genres qui naîtront ou renaîtront et en tous cas s'épanouiront à la fin du siècle.

L'histoire de Silvie et de Gallouin contient un épisode «sadique», qui préfigure le roman noir. On le retrouve, aggravé, dans une nouvelle espagnole publiée en 1780 par Honoré-Gabriel Riqueti, comte de Mirabeau. L'héroïne, innocente de l'adultère dont elle est accusée, est enfermée par son mari dans un cachot, comme Silvie[13]. Mais cette fois, la punition est absolument imméritée: l'adultère n'a pas eu lieu; et le châtiment – dont les modalités ne sont d'ailleurs pas entièrement inventées par Mirabeau[14] – est plus barbare encore: la jeune femme

---

9 *Nouv. fr.*, t. II, p. 89.
10 *I. F.*, p. 531-534.
11 *I. F.*, p. 531.
12 *Mémoires* de Pierre-Joseph-Victor, baron de Besenval, édités par A.-J. de Ségur, Paris, F. Buisson, 1805, 3 vol. in-8; *Tome quatrième contenant des mélanges littéraires, historiques et politiques, suivis de quelques poésies*, 1806, p. 328-343.
13 *I. F.*, p. 410; *Recueil de Contes...* de Mirabeau, Londres, 1780, Première partie, p. 117-136.
14 On peut faire quelques rapprochements avec la trente-deuxième nouvelle de l'*Heptaméron* de Marguerite de Navarre. On peut également se souvenir qu'en

est enfermée avec le cœur de l'amant présumé, et entre deux cadavres, ceux de ce prétendu amant et d'un domestique que le mari a tué:
on est en 1780, période de littérature noire. Bientôt Potocki fera grand
usage des deux cadavres...

*

A la lecture des *Illustres Françaises*, une impression s'impose.
Les personnages de Challe sont, pour la plupart, aussi diaboliques
que les Valmont et Merteuil de 1782. Même quand leur comportement est louable, le mobile ne l'est pas, ou du moins un soupçon pèse
sur lui. Ils sont aussi habiles à manipuler les autres, ils analysent leur
technique avec autant de soin et de fierté que les héros de Laclos. S'il
arrive que narrateurs et auditeurs versent quelques larmes sur une
victime particulièrement pitoyable, ils se hâtent de dédramatiser
l'événement ou de changer de sujet «en riant»: c'est un refrain significatif. Les survivants ne subiront même pas «le choc en retour».

***

Venons-en enfin au cas privilégié: celui de Challe et de Rétif de
La Bretonne. Cette fois, on ne peut mettre en doute l'influence des
Illustres Françaises. Elle est attestée par Rétif lui-même.

Dans la Sixième partie de son roman plus ou moins autobiographique *Monsieur Nicolas*, qui se déroule vers 1759, il cite l'ouvrage,
et non seulement parmi ceux qu'il trouva et lut chez Bonne Sellier,
mais parmi les trois qui «l'attachèrent, nourrirent son esprit», et qui
«rendirent à son imagination le charme romantique qu'elle avait perdu»[15].

Peu après, Rétif note encore que, le dimanche où sa logeuse vint le
chercher pour le présenter à sa jeune belle-sœur, il courut à sa table et
«fei[gnit] de lire *Les Illustres Françaises*».

Cette simple mention, par son caractère purement allusif même est
significative: il apparaît comme naturel qu'il ait été plongé dans ce

---

Angleterre, on arrachait le cœur des traîtres. De plus, Mirabeau dit avoir emprunté «l'idée» de sa nouvelle à «un livre espagnol, intitulé *Relaciones de la vida
del Escudero Marcos de Obregon...*»
[15]   *Monsieur Nicolas*, Bibliothèque de la Pléiade, t. II, p. 66. – Dans cette assertion,
il convient, bien sûr, de donner à *romantique* son sens premier de *romanesque*.

recueil; il faut croire qu'il le lit et le relit, et que son entourage le sait. On ne s'étonne pas qu'il en soit imprégné quand il prend la plume.

L'influence est sensible plus de vingt ans après, dans les *Contemporaines* publiées entre 1780 et 1785.

La peinture qui y est faite de la société est même sans doute plus influencée par *Les Illustres Françaises* que l'auteur n'en a conscience. Dans la première série, écrit-il dans l'introduction, les «héroïnes sont prises ou dans les conditions élevées» (ce qui est banal), «ou dans la classe moyenne des citoyens» («dans cette classe où se rencontre l'Homme par excellence»), quelques-unes dans «l'avant-dernière classe». La seconde série porte un titre explicite: *Les Contemporaines du commun ou Aventures des belles Marchandes, Ouvrières, etc.*, la troisième également: *Les Contemporaines par gradation... suivant la gradation des principaux Etats de la Société...* Rétif revendique (dans l'Avis du XVIIIe volume qui appartient à la deuxième série) l'originalité de «passer en revue tous les états», de présenter jusqu'à des crieuses des rues, et il se dit «flatté que personne ne [l']eût précédé dans cette carrière». Certes Challe n'a pas donné systématiquement, comme lui, «un tableau des principales aventures arrivées» de son temps «dans la classe commune...», et «non seulement la nomenclature, mais l'histoire de tous les états de la société»[16]. Mais il lui a montré la voie.

A côté de gens de qualité qui fréquentent la Cour, il met en effet en scène des gens de petite noblesse, des bourgeois (comme le fait remarquer le recenseur de *La Bibliothèque universelle des romans*[17]), et, au début de la dernière nouvelle notamment, des «gens du commun»: des cabaretiers, un écrivain public, un marchand d'oublies, un savetier, dont l'étal mobile sert une nuit de couchette à Dupuis.

Rétif peint la vie quotidienne de ses personnages, en donnant des détails matériels. Challe le faisait déjà.

A milieu similaire, coutumes similaires, à quelques décennies d'écart. Aussi a-t-on parfois l'impression de se retrouver dans l'univers challien. Les fréquentes rencontres et scènes galantes sur les pas de porte l'été, par exemple, suivies éventuellement de promenades sur les boulevards, font écho aux pages que Challe y consacrait.

---

[16]   Avis du XVIIIe volume.
[17]   Avril 1776, t. II

Mademoiselle Dupuis «pass[ait] la soirée sur sa porte avec Des Ronais»[18]. Desprez mettait «un laquais en garde pour l'avertir les soirs lorsqu'elles [Mlle de l'Epine et ses sœurs] seraient sur leur porte...; et quelquefois [ils] all[aient] [se] promener sur les boulevards»[19]. «... je passai devant sa porte. Elle [Silvie] y était assise avec d'autres filles du voisinage... Je ne fis que passer et repasser jusqu'à onze heures qu'elles se retirèrent. Le lendemain... je la vis avec plusieurs filles prendre le chemin des boulevards»[20].

Chez Rétif, ces scènes prennent une importance et une ampleur particulière dans *Le Joli Pied* (qui fait partie de la première série des *Contemporaines*[21]). Car c'est là que le personnage, fasciné comme l'auteur par le pied de la femme et par son enveloppe, la chaussure, rencontre les jolis pieds dont il tombe amoureux:
«Un soir d'été, il passait dans la rue Dauphine: une jolie marchande... était assise sur sa porte... elle montrait... le bas de sa jambe fine, terminée par un pied chaussé en blanc... Saintepallaie en la voyant resta immobile: cependant la réflexion l'ayant rendu honteux, il continua sa route: il ne fut pas à six maisons, qu'il revint: il repassa de la sorte, tant que le joli pied fut visible...; il revint tous les soirs...»[22]. Un autre soir, «en passant dans la rue de l'Arbre sec, il aperçut une jeune et jolie personne sur sa porte, à peu près dans la [même] situation... C'était une mule qu'elle avait, et son joli pied passait absolument au dehors»; il vole la mule; «le lendemain... le soir, à la même heure que la veille, il repassa dans le quartier, et s'approcha de la porte de la jeune beauté. Elle y vint un instant après, et s'assit dans la même position. – Mettez-vous là, Julien, dit-elle à un garçon de boutique: nous verrons s'il y reviendra...»[23]. Boulevard du Temple, Victoire de La Grange, qui est d'une condition plus relevée, s'installe «dans la barrière qui règn[e] devant le jardin», avant d'aller éventuellement avec sa belle-mère, son frère et ses sœurs faire, elle aussi, «quelques tours sur le boulevard»; un soir «Victoire vi[ent] s'asseoir dans la barrière; c'était sur les sept heures, au mois

---

[18] *I. F.*, p. 35.
[19] *I. F.*, p. 226.
[20] *I. F.*, p. 313.
[21] Trente-deuxième nouvelle, vol. V dans la première édition.
[22] *Nouv. fr.*, t. II, p. 465-466.
[23] *Nouv. fr.*, t. II, p. 467-468.

de septembre, et elle appui[e] son pied sur la traverse;» le jeune homme en profite pour lui prendre un de ses souliers[24].

Une jolie femme pourvue d'un pied parfait toujours parfaitement chaussé fait l'objet d'un culte; mais il n'empêche qu'elle doit, comme les autres, entretenir cet amour, se consacrer à satisfaire l'homme, «m[ettre] [s]on bonheur à faire le sien», et que Rétif considère «l'insubordination des femmes» comme «le plus dangereux des abus». Il traite – à sa manière – le problème de la condition de la femme, de la femme mariée notamment, que Challe avait posé dans la discussion des deux sœurs de la septième nouvelle.

Effet du hasard ou collusion de réminiscences? Le personnage du savetier à l'étal mobile de la dernière *Illustre Française* se retrouve au centre d'une des *Contemporaines du commun: La Fille du Savetier du coin*[25]; et il y apparaît dans un épisode déjà présent, lui aussi, chez Challe: le jeune avocat De Billi, qui, comme Des Ronais dans la première des *Illustres Françaises*, ne trouvait pas l'argent nécessaire à l'achat d'une charge qu'on lui avait proposée, «réfléchissait tout haut» près de l'étal du vieux savetier; celui-ci l'entend, l'examine, l'invite chez lui, lui présente sa fille, et, sans être sûr qu'il reviendra et épousera, il lui propose la somme nécessaire: ce qu'avait fait Dupuis le père[26] dans des circonstances un peu différentes, mais étonnantes aussi, le mariage étant reporté à un avenir lointain, donc aléatoire. C'est l'amalgame de ces deux éléments narratifs rencontrés dans *Les Illustres Françaises* qui provoque – et explique peut-être – l'invraisemblance de cette scène qui déclenche le récit, invraisemblance déroutante chez cet observateur précis qu'est Rétif.

Certains des lecteurs de cette époque, contemporains de la publication de ces nouvelles, ont été sensibles à l'influence diffuse de Challe sur *Les Contemporaines*, et ont décelé la parenté de ton que nous enregistrons. A une date qui ne peut être précisée, la marquise d'Argenson avait épinglé dans son exemplaire des *Illustres Françaises* une note manuscrite qui en fait foi. «Ce livre a été fort connu... Il

---

[24]   *Nouv. fr.*, t. II, p. 470-475.
[25]   Dixième des *Contemporaines du commun*, dans le tome XIX de la première édition.
[26]   *I. F.*, p. 49-50.

est un peu dans le ton des *Contemporaines*, avec un peu plus d'intérêt pour tout dans celui-ci»[27].

Il faudrait étendre la comparaison des tableaux de société, des épisodes et des thèmes au moins à toutes *Les Contemporaines* qui mettent en scène des femmes de la bourgeoisie ou «du commun»[28].

Il faudrait aussi prendre en compte une précision donnée dans la première occurrence des *Illustres Françaises* dans *Monsieur Nicolas*. Elles y sont mises sur le même plan que deux œuvres directement ou indirectement philosophiques: «l'Histoire de Julien (plus exactement la *Vie de l'Empereur Julien*) par l'abbé de La Bletterie et la *Morale d'Épicure (tirée de ses écrits)* par l'abbé Le Batteux». Il conviendrait de chercher si Rétif a été intéressé par la pensée philosophique de Challe sous-jacente dans *Les Illustres Françaises*. Nous nous contentons d'ouvrir la perspective.

*

En lisant le *Tableau de Paris* de Louis-Sébastien Mercier et Rachel ou *La belle Juive* de Cazotte, on pense aux *Illustres Françaises*. Globalement dans le premier cas, sur des points précis dans le second.

Mercier en effet étend son enquête aux huit classes de la société parisienne et entre dans les détails de leur vie quotidienne, voie ouverte par Challe au début du siècle dans le genre narratif.

Chez Cazotte, on retrouve le rôle du collier magique: comme dans l'histoire de Silvie et Gallouin, il lie les deux héros, irrésistiblement, contre toute raison et pour le malheur de tous, tant qu'ils le portent[29]; mais quand on l'a arraché à Rachel, et qu'Alphonse a perdu le sien[30],

---

[27] *I. F.*, p. 600; le billet est toujours épinglé dans l'exemplaire que conserve la bibliothèque de l'Arsenal.

[28] L'influence de Challe sur Rétif peut aussi s'effectuer de façon détournée; ce que montrerait l'analyse de l'histoire de Monsieur de Salvagne et de Madame de Villiers (Voir *Bulletin de l'association des amis de Robert Challe*, n° 5, Juillet 1998), une histoire apocryphe présente dans les éditions des *I. F.* après 1725, et qui offre de nombreux rapprochements avec *Le Mariage caché*, seizième nouvelle du troisième volume des *Contemporaines* de Restif de la Bretonne, Leipsick, 1780, pp. 11-147 (Note de l'éditeur).

[29] *Nouv. fr.*, t. II, p. 623, p. 634.

[30] *Nouv. fr.*, t. II, p. 647.

le charme est rompu: le roi se dit «soulagé d'un poids insupportable» qu'il «avai[t] sur l'estomac» et il chasse la jeune femme.

Il est vrai que le procédé sans être banal, n'est pas neuf, et que les modalités et le ton diffèrent dans les deux nouvelles. Chez Cazotte, le collier n'est pas imprégné de sang mêlé, c'est un talisman traditionnel: il y pend un portrait et le cabaliste lui a fait subir un traitement qui n'est pas précisé; d'autre part dans cette nouvelle publiée en 1788, quand Cazotte a pris ses distances avec le martinisme, il traite avec quelque ironie l'ésotérisme, sans lequel l'histoire pourrait se nouer et se dénouer.

On peut légitimement se demander si Mercier et Cazotte n'avaient pas lu Challe. A l'instigation de Rétif? Rétif faisait-il partager son admiration pour *Les Illustres Françaises* aux habitués des cercles qu'il fréquentait: celui de Grimod de La Reynière où il rencontrait Mercier, celui de Fanny de Beauharnais où il fit la connaissance de Cazotte? Il a connu Louis-Sébastien Mercier en septembre 1782[31], et il s'est lié avec Cazotte en 1787. Aucun indice externe ne nous permet de répondre, mais la question mérite d'être posée[32].

Quoi qu'il en soit, l'influence de Challe sur Rétif lui-même est attestée et constatée; et il est avéré qu'on retrouve tout au long du siècle, dans la littérature narrative, des thèmes, des scènes et des aspects de la peinture sociologique et psychologique que présentent *Les Illustres Françaises*.

Jacqueline Hellegouarc'h

---

[31] *Monsieur Nicolas*, Neuvième Epoque, 1787, éd. Pléiade, t. II, p. 421.
[32] Observons cependant que Mercier a publié les premiers tomes de son *Tableau* dès 1781.

A PROPOS DE QUELQUES LIEUX CHALLIENS DANS
LES ILLUSTRES FRANÇAISES

Nous avons retenu trois éléments du décor architectural de Paris dont la présence dans *Les Illustres Françaises* suscite quelques remarques: le Pont-Neuf, l'hôtel Duret de Chevry et l'église Saint-Paul. Un édifice public, un hôtel particulier et un lieu de culte, trois occasions de voir comment les hommes vivent et comment un grand écrivain introduit ses observations dans sa fiction.

LE PONT-NEUF

Dans la septième histoire, celle de Dupuis et de Madame de Londé, Dupuis, lui-même, narre une anecdote qui lui est advenue au Pont-Neuf; c'est l'histoire de la baignade et de la sévère correction qu'il administre à un soldat mauvais plaisant. Cette anecdote commence par une remarque formulée par le narrateur: «Célénie et moi nous trouvions dans des chambres empruntées et garnies: il y en a quantité dans Paris, qui ne servent qu'aux amants heureux; nous en avions une»[1].

Alors que Dupuis narre son histoire de façon fort détaillée, il n'y a pas d'action de transition entre la nudité dans laquelle il se trouve dans la chambre, son envie de se baigner et le plongeon dans la Seine. Il n'est pas fait mention d'un trajet des personnages pour se rendre d'un lieu à un autre lieu, c'est-à-dire de la chambre au pont.
«L'envie me prit de me baigner,... « Si l'on décompose le passage en ne conservant que les actions on obtient:

> 1) nous fîmes une partie, [...].
> 2) Nous allâmes sous le Pont-Neuf. [...]
> 3) Gallouin et moi, [...] allâmes directement sous le pont,

---

[1]   *I. F.*, p. 471.

4) où nous montions à la machine,
5) et nous jetions du haut d'une seconde chambre»[2].

La narration, prétendument réaliste, néglige des éléments nécessaires au bon déroulement de l'action.

En outre, il faut remarquer qu'il y avait sur la Seine non pas une pompe, mais deux pompes. La première, à laquelle Challe fait allusion dans sa narration, est celle du Pont-Neuf construite sous Henri IV, on l'appelait la pompe de la Samaritaine: «Pour amener l'eau au cœur du Louvre, résidence royale, on eut dans un premier temps l'idée de construire sur le Pont-Neuf une pompe qui, à l'aide d'un dispositif analogue à ceux des moulins, pouvait grâce à la seule force du courant, remonter dans un bassin de distribution plus de 700 mètres cubes d'eau par jour»[3]. A la fin du XVIIe siècle, le mécanisme était hors d'usage et le bâtiment abandonné. On reconstruisit une nouvelle pompe en 1717 après avoir abattu les restes de la précédente.

La seconde pompe fut construite après la grande sécheresse de 1668 qui dura trois années consécutives – Challe avait à cette époque entre neuf et douze ans –. Le Pelletier, prévôt des marchands de Paris, cité dans l'*incipit* du roman, lança plusieurs projets pour augmenter les quantités d'eau distribuées au peuple de Paris. Parmi ces projets, on retint celui de l'ingénieur Joly qui proposa «de transformer un ancien moulin placé sur le pont Notre-Dame en une véritable machine élévatoire. [...] Il plaça son mécanisme en amont du pont, et l'eau, par simple gravité, circula dès lors dans le premier véritable réseau souterrain de distribution jusqu'aux quartiers les plus élevés de la capitale»[4].

Pour en finir avec l'aspect technique, il y aura sur le pont Notre-Dame, plusieurs pompes qui «seront à maintes reprises perfectionnées et continueront [jusqu'à la fin du XVIIIe siècle], d'alimenter la quasi-totalité de la capitale (21 fontaines et 80 concessions particulières) [...], appuyées dans leur effort par la pompe de la Samaritaine et les eaux des aqueducs»[5].

---

[2]   *I. F.*, p. 471.
[3]   Patrick Saletta, *A la découverte des souterrains de Paris*, Paris, SIDES, 1990, p. 214.
[4]   *Idem*, p. 221-222.
[5]   *Ibidem*, p. 222.

Or, comme Frédéric Deloffre l'a indiqué, Robert Challe mentionne dans *Les Difficultés sur la religion* qu'il demeure sur le pont Notre-Dame. «J'ai affaire à Pierre qui demeure à la porte Saint-Martin, moi sur le pont Notre-Dame. [...] il y a 150 toises de chez moi au coin de la rue Neuve Saint-Merry»[6].

En rapprochant ces éléments, on peut se demander si l'auteur des *Illustres Françaises* n'a pas opéré un déplacement dans son récit. Certes un roman est une fiction, mais tout au long des *I. F.*, Challe décrit des lieux réels. Imaginer que l'anecdote du Pont-Neuf des *I. F.* ait eu pour point de départ un événement réel situé au pont Notre-Dame, permettrait de comprendre la cause de l'ellipse que j'ai signalée plus haut (si Dupuis/Challe[7] est déjà sur place) ainsi que la difficulté du récit qui fait passer une scène intime comprenant deux personnages – Dupuis et Célénie – à une scène de groupe, je cite: «L'envie me prit de me baigner, nous fîmes une partie, six que nous étions»[8].
Comment et où se sont-ils retrouvés ?

Un fait contredit cependant mon observation: la troupe de Dupuis se rhabille sur le bateau et elle repart en carrosse. Il y a donc bien un hiatus entre leur arrivée pour la baignade où ils sont six et leur départ où ils sont véhiculés en carrosses et accompagnés de domestiques

Par ailleurs qu'en est-il de l'absence de Célénie? car elle n'assiste pas à la suite de la scène. La phrase «Je n'avais songé qu'à Célénie, à qui je n'aurais plus osé me montrer»[9] le prouve. Comment peut-on l'interpréter? Ou bien Dupuis a honte de ce que le soldat lui a fait, et donc Célénie est présente; ou bien il a honte de la marque des coups de fouet et alors Célénie est absente.

Enfin, un dernier élément me paraît corroborer l'idée que Challe décrit plutôt le pont Notre-Dame. Si l'on compare des gravures représentant les deux ponts avec leurs pompes, on constate que l'architecture de la pompe du pont Notre-Dame – une tour flanquée

---

[6] *Difficultés*, p. 336.
[7] Prosper Marchand: «On prétend que ce récit est l'histoire de l'Auteur même, sous le nom supposé de du Puis», cité par F. Deloffre.
[8] *I. F.*, p. 471.
[9] *I. F.*, p. 472.

de part et d'autre d'un bâtiment d'un étage – illustre mieux l'idée qu'on se fait de la «seconde chambre»[10], – le texte dit: «nous allâmes directement sous le pont, où nous montions à la machine, et nous jetions du haut d'une seconde chambre»[11] – que celle de la pompe du Pont-Neuf, bâtisse carrée de trois étages donnant directement sur les étais en bois, (voir gravures p. 167), ce qui impliquerait un saut prodigieux et périlleux[12].

L'HÔTEL DURET DE CHEVRY

La façon dont Challe exploite ce bâtiment dans les *I. F.* permet d'observer aussi la manière dont il transforme plusieurs éléments réels en une seule fiction.

Les relations de voisinage tiennent une place importante dans les écrits de Challe. En voici deux exemples, parmi tant d'autres. Dans la première histoire des *Illustres Françaises*, celle de Des Ronais et de Mademoiselle Dupuis, Des Ronais commence son histoire, qu'il narre à Des Frans, en affirmant: «Je ne vous dirai point quelle était ma famille, vous la connaissez, puisque nous sommes nés voisins. [...] nous avons été élevés ensemble»[13].

Dans les *Mémoires*, récemment édités, Challe parle du duc d'Arpajon qui le connaissait parce que, dit-il, «j'étais né si bien son voisin qu'il n'y avait que le ruisseau qui séparait son hôtel de la maison de mon père»[14].

Or à quelques rues de la rue de Saintonge, maison d'enfance de Robert Challe, se dresse l'hôtel Duret de Chevry. M.-L. Girou-Swiderski et J. Popin ont montré le lien qu'il y avait entre la deuxième histoire des *Illustres Françaises*, celle de Monsieur de Contamine et d'Angélique, et la famille Duret de Chevry; le troisième Charles Duret de Chevry a servi de modèle au personnage de Contamine. D'après J. Hillairet, l'hôtel Duret de Chevry appartint

---

[10]   *I. F.*, p. 471.
[11]   *I. F.*, p. 471.
[12]   Une remarque de Piganiol de La Force sur le pont Notre-Dame (*Curiosités de Paris*, 1733, t. I, p. 49) renforce l'intuition de M.C. Veneau. On lit en effet: «Au milieu de ce pont [le pont Notre-Dame] il y a une porte carrée d'ordre ionique qui sert d'entrée au lieu que l'on appelle *la Pompe*, où l'on en voit deux qui élèvent l'eau de la rivière (...) : *Ce lieu est un des meilleurs bains de Paris*». (note de l'éditeur).
[13]   *I. F.*, p. 19.
[14]   *Mémoires*, p. 112.

depuis 1618 au premier Charles Duret de Chevry (mort en 1636), puis son fils le Président Duret de Chevry le loua de 1662 à 1690 aux cousins de Mme de Sévigné, Philippe-Emmanuel de Coulanges et sa femme[15]. Roger Duchêne a montré que Madame de Sévigné, elle-même, y avait résidé pendant quatre mois, à partir de son retour des Rochers, le 18 décembre 1671 «car un fils de Madame de Bonneuil, à qui elle avait sous-loué, rue de Thorigny, l'appartement de sa fille, y est malade de la petite vérole»[16]. Elle est donc installée par son cousin rue du Parc-Royal; et ceci jusqu'à son déménagement rue des Trois-Pavillons (actuel 14 rue Elzévir).

Cette présence se rattache peut-être à l'étrange remarque de Madame de Contamine-mère, qui pour prouver l'affection qui l'attache à Angélique, déclare que «si sa bru était en danger, elle s'y jetterait pour la sauver ou le partager avec elle; et que si c'était son fils, elle se contenterait d'appeler du secours, et de crier sauve qui peut»[17]. On pourrait retrouver dans cette phrase un écho de l'attachement extrême de Madame de Sévigné pour sa fille, Madame de Grignan, ainsi qu'une allusion à l'épisode du feu relaté par Madame de Sévigné dans sa lettre du 20 février 1671 à Madame de Grignan. Il s'agit de l'incendie qui ravagea la maison de Guitaut rue de Thorigny (actuel n°4), face à l'hôtel Salé:

> à trois heures après minuit, j'entendis crier au voleur, au feu, et ces cris si près de moi et si redoublés que je ne doutai point que ce ne fût ici. [...] je vis la maison de Guitaut toute en feu; les flammes passaient par-dessus la maison de Madame de Vauvineux. On voyait dans nos cours, et surtout chez Monsieur de Guitaut, une clarté qui faisait horreur. C'étaient des cris, c'était une confusion, c'étaient des bruits épouvantables, des poutres et des solives qui tombaient. Je fis ouvrir ma porte; j'envoyai mes gens au secours.[...] je voulus aller dans la rue pour bayer comme les autres. J'y trouvai Monsieur et Madame Guitaut quasi nus, Madame de Vauvineux, l'ambassadeur de Venise, tous ses gens [...]. Nous étions tous dans la consternation; le feu était si allumé qu'on n'osait en approcher, et l'on espérait la fin de cet embrasement qu'avec la fin de la maison de ce pauvre Guitaut. Il faisait pitié. Il voulait aller sauver sa

---

[15] Jacques Hillairet, *Dictionnaire historique des rues de Paris*, Paris, Ed. de Minuit, 1963, Tome 2, p. 231.

[16] Roger Duchêne, *Madame de Sévigné ou la chance d'être femme*, Fayard, 1996, p. 239.

[17] *I. F.*, p. 82.

mère, qui brûlait au troisième étage; sa femme s'attachait à lui, qui le retenait avec violence. Il était entre la douleur de ne pas secourir sa mère et la crainte de blesser sa femme, grosse de cinq mois. Il faisait pitié [...]. Des capucins, pleins de charité et d'adresse, travaillèrent si bien, qu'ils coupèrent le feu.

On peut imaginer aisément que sans que Challe ait été témoin oculaire de l'incendie, sa rumeur dut faire beaucoup de bruit dans le quartier.

Le premier Charles Duret de Chevry fit construire cet hôtel. Deux «voisins» ont pu rappeler cette demeure à la mémoire de Challe: Anne de Villiers et Le Pelletier de Souzy.

– Anne de Villiers, qui en devient propriétaire en 1698, était la veuve de Pierre de Girardin, décédé en 1657 – soit deux ans avant la naissance de Challe –. Il avait été directeur de la Compagnie des Indes[18].

– Au 29 rue de Sévigné se trouve un bâtiment somptueux connu sous le nom d'hôtel Saint-Fargeau. «Cet hôtel fut construit en 1686 par Bullet à la demande de l'intendant le Pelletier de Souzy, frère de Claude Le Pelletier, prévôt des marchands en 1668 et contrôleur général des finances en 1683 [...]. L'intendant Le Pelletier fut surtout un magistrat, auteur de plusieurs ouvrages de droit»[19]. Ce Claude Le Pelletier est curieusement nommé avec insistance par Challe, qui «dit et [le] répète encore que M. Le Pelletier était parfaitement honnête homme»[20].

SAINT-PAUL OU SAINT-LOUIS?

De nos jours, en suivant la rue de Sévigné, le promeneur débouche en face de l'église Saint-Paul; mais il faut savoir qu'au XVIIᵉ siècle cette église était connue sous le nom des Grands Jésuites ou de Saint-Louis-des-Jésuites. En effet, l'ancienne église paroissiale Saint-Paul-des-Champs se trouvait 32 rue Saint-Paul. Après l'avoir fermée en

---

[18] Jacques Hillairet, éd. cit., p. 101.
au n°6 propriété des Villiers (puis Girardin) de 1625 à 1774.
au n°7 hôtel de Girardin de Vauvray de 1698 à 1766, transformé en écuries.
au n°8 propriété d'Anne de Villiers
au n°9 hôtel démoli appartenait à Anne de Villiers
[19] Jacques Hillairet, *Evocation du vieux Paris*, Paris, Ed. de Minuit, 1952, tome I, p. 92.
[20] *Mémoires*, p. 276 et p. 331.

1790, on la détruisit en 1799 à cause de sa vétusté; l'origine du bâtiment remontait à 1107. De la vieille église Saint-Paul, il ne reste plus aujourd'hui que la cloche et l'horloge qui furent données à l'église Saint-Louis, en 1806, au moment où cette dernière changea de nom[21].

Or dans la sixième histoire des *Illustres Françaises*, l'ancienne église paroissiale est évoquée. Des Frans et Silvie se marient à l'église Saint-Paul: «A minuit nous allâmes à Saint-Paul qui n'était qu'à deux pas de là. Nous y fûmes mariés et nous rentrâmes au logis sur les deux heures»[22].

Je formulerai deux remarques à propos de ce choix:

Tout d'abord, il est surprenant que Silvie se marie dans ce lieu de culte alors que l'église Saint-Gervais était plus proche de son logement: elle habite en effet dans la partie de la rue Saint-Antoine occupée actuellement par la rue François Miron. L'église Saint-Gervais était un bâtiment prestigieux édifié en gothique flamboyant. Le «magnifique et superbe portail [...] doit être considéré comme le plus beau morceau d'architecture qu'il y ait en Europe, où le goût simple et majestueux de l'admirable antiquité se fait encore sentir»[23].
C'est d'ailleurs à Saint-Gervais et à deux heures du matin que Marie de Rabutin-Chantal épouse Henri de Sévigné. Ce choix nocturne, alors encore permis par l'Église, était causé par la croyance qu'un mariage célébré de nuit trompait le diable connu pour nouer les aiguillettes. On observera que, malgré une précaution identique, Silvie n'eut pas d'enfant de Des Frans.

Ensuite, si Challe choisit l'église Saint-Paul[24] ne serait-ce pas de sa part une manière voilée de manifester son hostilité aux jésuites contre lesquels il s'insurge dans ses *Mémoires* au moment même où il insiste, pour l'économie du roman, sur le caractère clandestin de ce

---

[21]   Jacques Hillairet, *La Rue Saint-Antoine*, Paris, Ed. de Minuit, 1970, p. 178.
[22]   *I. F.*, p. 385.
[23]   Germain Brice, *Description de la ville de Paris*, Amsterdam, Charles Le Cene, 1718, t. II, p. 17.
[24]   Germain Brice dans sa *Description de la ville de Paris* (*op. cit.*, p. 116), présente cette église comme «une maçonnerie pesante et massive, les voûtes en sont basses et écrasées [...] et les lumières très mal entendues, ce qui fait que l'intérieur en paraît triste et très désagréable».

mariage en opposant[25] la vieille église paroissiale à ce lieu à la mode qu'était la chapelle des Jésuites.

En conclusion, pour ces trois lieux, le décalage constaté entre la réalité et la fiction ne relève pas uniquement de cette nécessité propreà la création littéraire, mais il met en évidence le constant brouillage temporel et spatial opéré par Challe, qui s'est voulu un auteur clandestin.

Marie-Christine Veneau

---

[25] Dans le même ordre d'idées, il ne me semble pas gratuit que l'anecdote de l'abbé Chapelle qui refuse de chanter le *Domine salvum fac regem* se passe à l'église Saint-Paul (*Mémoires*, p. 50).

1. Sur ce détail du plan Turgot on voit très bien l'ancienne église Saint-Paul, dans la rue Saint-Paul, et l'église Saint-Louis de la Couture, dite aussi «Les Grands jésuites», édifiée dans la rue Saint-Antoine. (Croquis de J. Cormier d'après le plan dit de Turgot, 1739).

2. La façade de l'église Saint-Paul (Edouard-Auguste Nousveaux, *Le Vieux* Paris, circa 1840, B.R. de Belgique, Cabinet des estampes, II, 15063 C); façade de l'église des jésuites, Saint-Louis, actuellement Saint-Paul (*Le Magasin pittoresque*, 1846, p. 105).

3. Sur ce document apparaissent clairement les deux corps de pompe du pont Notre-Dame ainsi que les maisons construites sur le pont. La gravure reproduit un tableau du peintre Raguenet daté de 1751 actuellement conservé au Musée Carnavalet *(Le Magasin pittoresque,* 1878, p. 277*).*
Dessous, la pompe de la Samaritaine et le Pont-Neuf d'après une lithographie du XIXe siècle (coll. particulière).

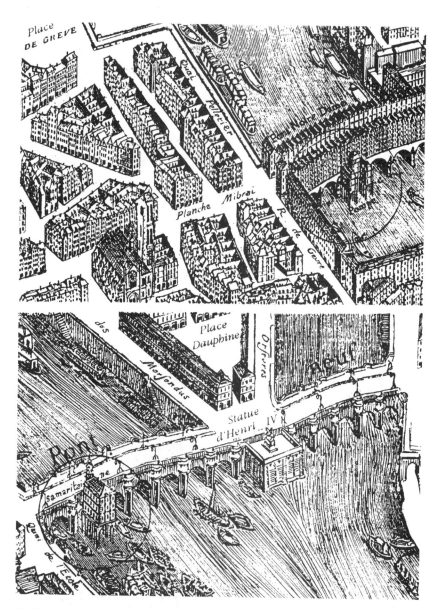

4. Ces deux fragments du plan dit de Turgot (1739) permettent d'observer respectivement la pompe du pont Notre-Dame et le Pont-Neuf flanqué de la pompe de la Samaritaine telle qu'elle fut reconstruite après 1717.

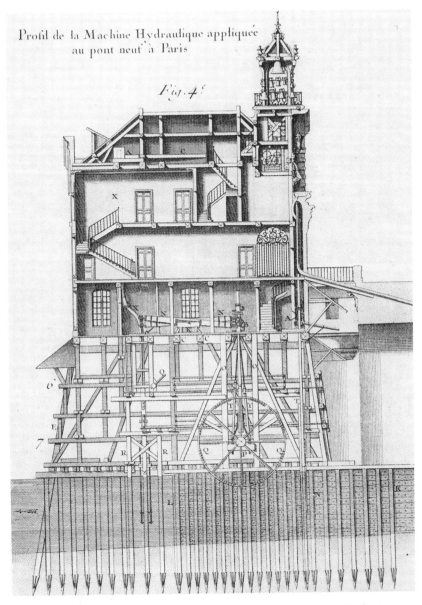

Profil de la Machine Hydraulique appliquée
au pont neuf à Paris

Fig. 4.ᵉ

5. Plan de la machine de la pompe de la Samaritaine d'après *l'Architecture hydraulique* de Bélidor, 1737-1739 (B.R. de Belgique, V B 5043, t. II, Liv. III, ch. IV, pl. 9, fig. 4).

TABLE DES MATIÈRES

Dans la même collection (suite):

15. *Amicitia Scriptor. Littérature, Histoire des Idées, Philosophie.* Mélanges offerts à Robert Mauzi. Textes réunis par Annie Becq, Charles Porset et Alain Mothu.

16. *Traduction = interprétation, interprétation = traduction. L'exemple Rimbaud.* Actes du Colloque international organisé par l'Institut de Romanistique de l'Université de Ratisbonne (21-23 septembre 1995) réunis par Thomas Klinkert et Hermann H. Wetzel.

17. J. CHEYRONNAUD, E. CLAVERIE, D. LABORDE, PH. ROUSSIN. *Critique et affaires de blasphème à l'époque des Lumières.*

18. *Studia Latomorum & Historica.* Mélanges offerts à Daniel Ligou, colligés par Charles Porset.

19. *Formes et imaginaire du roman.* Perspectives sur le roman antique, médiéval, classique, moderne et contemporain. Textes réunis par Jean Bessière et Daniel-Henri Pageaux, avec la collaboration d'Eric Dayre.

20. VINCENT, Monique. *Mercure galant* (L'Extraordinaire, Les Attentes du Temps) – *Table analytique* contenant l'inventaire de tous les articles publiés, 1672-1710.

21. *Systèmes de pensée preécartésiens.* Etudes d'après le Colloque de Haïfa, 1994, réunies par Ilana Zinguer et Heinz Schott.

22. KRUMENACKER, Yves. *Les Protestants du Poitou au XVIIIᵉ siècle (1681-1789).*

23. *Livre des délibérations de l'Eglise Réformée de l'Albenc (1606-1682).* Edition établie par François Francillon.

24. *Entre Désert et Europe, le pasteur Antoine Court (1695-1760). Actes du Colloque de Nîmes (3-4 novembre 1995),* réunis par Hubert Bost et Claude Lauriol, 1997.

25. *La Superstition à l'âge des Lumières.* Etudes recueillies par Bernard Dompnier.

26. KELLER, Edwige. *Poétique de la mort dans la nouvelle classique (1660-1680).*

27. *La Poétique du burlesque,* Actes du Colloque international du Centre de Recherches sur les Littératures Modernes et Contemporaines de l'Université Blaise Pascal, 1996. Edité par Dominique Bertrand.

28. *Littérature comparée. Théorie et pratique.* Actes du Colloque international tenu à l'Université de Paris XII-Val de Marne et à la fondation Gulbenkian les 1ᵉʳ et 2 avril 1993. Réunis par André Lorant.

29. *Perspectives comparatistes.* Etudes réunies par Jean Bessière et Daniel-Henri Pageaux.

Achevé d'imprimer en 1999
à Genève-Suisse